Petit dico des

Expressions Populaires

d'hier et d'aujourd'hui

W0398751

© City Editions 2010

ISBN : 978-2-35288-438-5
Code Hachette : 50 7742 5
Illustrations : Shutterstock/D.R.
Couverture : Éric Roux

Collection *Remue-Méninges*
Rayon : Culture générale
Collection dirigée par Christian English & Frédéric Thibaud
Catalogue et manuscrits : www.city-editions.com

Conformément au Code de la propriété intellectuelle, il est interdit de reproduire intégralement ou partiellement le présent ouvrage, et ce, par quelque moyen que ce soit, sans l'autorisation préalable de l'éditeur.

Dépôt légal : deuxième semestre 2010
Imprimé en France par France Quercy, 46090 Mercuès - n° 01477/

Petit dico des
Expressions Populaires
d'hier et d'aujourd'hui

SYLVIE BRUNET

City

AVANT-PROPOS

Chacune a sa couleur propre.

Il y a les voyageuses : « aller se faire voir chez les Grecs » ; les sportives : « baisse la tête, t'auras l'air d'un coureur ! » ; les culinaires : « lundi, c'est raviolis » ; les tendres : « embrassons-nous, Folleville ! » ; les directes : « je m'en bats les couilles ! » ; les scrupuleuses : « numéroter ses abattis » ; les acrobatiques : « ne pas se moucher du coude » ; les rutilantes : « nickel chrome ! » ; les poétiques : « jouer la fille de l'air », etc.

Toutes donnent de la couleur à nos paroles quotidiennes. Exclamation, injonction, interrogation, apostrophe : leurs formes sont multiples et s'appuient de gestes, mimiques, intonations, sourires entendus ou rires de gorge... C'est le petit théâtre des expressions familières.

Elles sont nées d'hier ou se sont transmises, inchangées, de génération en génération, depuis plusieurs siècles. Elles jonglent avec des mots très anciens ou très actuels et brassent des tours argotiques avec des formules châtiées.

Elles empruntent leurs images à toutes sortes de registres, des plus sages aux plus crus.

Rien ne les rebute, tout ce qui flotte dans l'air du temps, elles s'en saisissent et le recyclent : fragments de chansons, slogans publicitaires, répliques de spectacles à succès, tirades politiciennes...

En retrouver l'origine peut se révéler une enquête délicate, et pas seulement dans les cas où la locution est sortie de l'usage ou en voie de désuétude.

Souvent, à cause de la mode qui a changé, de la chose évoquée qui n'existe plus ou de la référence culturelle qu'on a oubliée, le fil de leur histoire ne peut plus être reconstitué, et l'expression populaire, hier encore si facile à atteindre, devient une petite énigme impossible à résoudre.

Mais on a beau en avoir perdu la clé, on n'en continue pas moins de les employer sans cesse. Car elles charment, elles amusent autant qu'elles intriguent.

Ainsi, sur Internet, on ne compte plus les sites et forums qui leur sont dévolus : on y répertorie les formules les plus cocasses, on y livre avec émotion son expression favorite, héritée qui de sa mère, qui de sa grand-mère, on y discute en toute liberté, et souvent en termes fantaisistes, des origines de certaines locutions opaques...

Dans la conversation courante, cependant, la prudence reste de mise : « passez-moi l'expression », « si vous me permettez l'expression », « comme on dit populairement ».

Ces précautions oratoires dont on les entoure n'ont-elles pas quelque chose de profondément étonnant, voire incongru, à l'heure où la grossièreté, l'injure ont acquis droit de cité jusque dans les médias (cf. le présidentiel « casse-toi, pauv'con ! » ou les très footballistiques « enculé » et « fils de pute », pour ne citer que les plus retentissants) ?

Est-ce à dire que, au moment où les gros mots d'hier sont devenus petites phrases d'aujourd'hui, il y aurait encore, pour le censeur zélé qui veille en chacun de nous au bon usage de la langue, l'idée d'une transgression par rapport à une norme langagière, l'idée que certaines locutions figurent des images trop fortes, ou trop relâchées, ou trop vulgaires, pour ne pas être prises sans pincettes ?

Avec la multiplication récente des situations d'oralité – le grand vainqueur en étant incontestablement le téléphone portable, qui, en quelques courtes années, a liquidé le monologue intérieur au profit du dialogue perpétuel (dans la rue, dans le métro, au supermarché...), mais on ne saurait négliger les textos, forums de discussions, blogs et autres « tchat » qui ont donné naissance à une forme d'écrit oralisé –, il semblerait que, dans le même temps que les frontières entre ce qu'on appelait hier encore les différents « niveaux de langage » se sont faites plus floues, se soit accrue la nécessité de renforcer tous les traits qui assurent le bon déroulement de l'échange.

De là, par exemple, la prolifération des formules de politesse et de vœux à laquelle on a pu assister récemment : « bonne fin de journée ! » « bonne continuation ! » « bon courage ! » et « profitez-en bien ! »

C'est là, aussi, que se mesure la pleine efficacité des locutions familières. Exprimées sous une forme ludique, immédiatement accessible à tous, elles instaurent un terrain de connivence spontanée entre les interlocuteurs, elles réalisent ce que Malinowski appelait la « communion phatique ».

Comme si, par l'usage de ces formules hautement ritualisées, ces clichés, se trouvait désamorcée, neutralisée l'inévitable confrontation à autrui que suppose toute prise de parole, et consolidé le lien social.

Avec elles, tout devient possible : établir le contact, sur un ton léger, humoristique, avec quelqu'un d'inconnu qui n'est même pas forcément d'un abord sympathique (cf. ces échanges plaisants et parfaitement rodés d'expressions toutes faites auxquels se livrent quotidiennement patrons de café ou commerçants avec leurs clients), ou dire à quelqu'un – sans courir le risque de s'attirer de sa part d'autre réaction qu'un petit rire, franc ou un peu forcé – qu'il est un fieffé radin (« t'aurais pas des oursins dans les poches, toi ? »), qu'il dépasse vraiment les bornes (« tu charries un peu dans les bégonias ! »), voire qu'on le juge parfaitement incompétent et imbécile (« va me chercher un peu d'huile de coude, s'il te plaît ! »)...

C'est de ce bavardage nuancé et salutaire qu'on aimerait donner un aperçu ici, avec ce petit dictionnaire d'expressions populaires, qui s'abreuvera de phrases saisies sur le vif des ondes et de la toile, et se nourrira avec reconnaissance des fruits récoltés au fil des siècles par nombre d'excellents lexicographes : A. Oudin, *Curiositez françoises*, 1640 ; A. Furetière, *Dictionnaire universel*, 1690 ; P.-M. Quitard, *Dictionnaire des proverbes*, 1842 ; E. Littré, *Dictionnaire de la langue française*, 1863-1872 ; A. Delvau, *Dictionnaire de la langue verte*, 1867 ; L. Larchey, *Dictionnaire de l'argot parisien*, 1872 ; F. Déchelette, *L'Argot des poilus*, 1918 ; M. Rat, *Dictionnaire des locutions françaises*, 1957 ; G. Esnault, *Dictionnaire historique des argots français*, 1965 ; J. Cellard, *Ça mange pas de pain !*, 1982 ; A. Rey et S. Chantreau, *Dictionnaire des expressions et locutions*, 1989 ; J.-P. Colin, J.-P. Mével et Ch. Leclère, *Dictionnaire de l'argot français et de ses origines*, 1990 ; Cl. Duneton, *Le Bouquet des expressions imagées*, 1990 ; Ch. Bernet et P. Rézeau, *On va le dire comme ça*, 2008 ; F. Caradec et J.-B. Pouy, *Dictionnaire du français argotique et populaire*, 2009.

A

Accrochez vos ceintures !

Quelle plus belle invite pouvait-on rêver pour démarrer ce dictionnaire ?

Empruntée d'abord au vocabulaire de l'aviation, où elle traduit l'immuable *fasten seat belt* que vous voyez clignoter au-dessus de votre tête, quelle que soit la nationalité de la compagnie que vous avez choisie pour voyager, puis au registre de l'automobile, où elle s'est imposée à la fin du XXe siècle avec le port de la ceinture de sécurité rendu obligatoire, l'expression a un sens double.

Elle délivre, en effet, à la fois le signal du départ et une mise en garde visant à informer ses destinataires que le voyage et l'aventure, bien loin d'être de tout repos, risquent de connaître turbulences et accidents de terrain, émotions fortes et rebondissements.

Bref, suggère-t-elle, préparez-vous, ça va secouer !

Avec le même sens figuré, on rencontre aussi la variante « attachez vos ceintures ! », mais jamais « bouclez vos ceintures ! » qui semble, elle, réservée au seul usage propre.

D'aucuns continuent de lui préférer des locutions imagées au ton un peu rétro, telle la bien sonnante « c'est parti, mon kiki ! » apparue dans les années 1930 (où le mystérieux « kiki » invoqué n'est qu'un surnom marquant l'affection, un hypocoristique), ou bien, même s'ils n'étaient pas encore nés au moment où Guy Lux et Léon Zitrone étaient aux commandes, avec Simone Garnier, du jeu télévisé *Intervilles*, la franchouillarde formule : « En voiture, Simone !.. C'est moi qui conduis, c'est toi qui klaxonnes ! » qui ferait référence, à l'origine, à une autre Simone, pour les intimes « Simone Louise de Pinet de Borde des Forest », l'une des premières femmes à devenir pilote automobile à la fin des années 1920.

« Accrochez vos ceintures, voilà 2007 ! Je vous souhaite donc une meilleure année possible, mais ça va pas être facile ! » (*iskander.over-blog.com*.)

À L'**AISE**, BLAISE !

À ses parents qui émettent des doutes sur l'obtention de son baccalauréat, le jeune candidat, plein de confiance en ses ressources, rétorque avec un large sourire : « À l'aise, Blaise ! »

L'exclamation, qui sert à transcrire l'idée d'une chose remportée sans avoir eu besoin de se donner de la peine, est

venue concurrencer dans le langage oral une autre image de la facilité, de l'inutilité de se faire violence pour parvenir à ses fins : « les doigts dans le nez », laquelle, selon Esnault, aurait vu le jour au début du XXe siècle, dans le vocabulaire des turfistes, pour parler d'une course remportée aisément.

À la différence de celle-ci, « à l'aise, Blaise ! » peut également être lancée à quelqu'un comme une exhortation à la confiance : « tu vas y arriver, ne te fais pas de souci ! »

Si la locution « à l'aise » remonte jusqu'au XIIe siècle, l'adjonction de « Blaise », en revanche, date à peine des dernières décennies du XXe siècle.

Mais ne vous creusez pas la tête pour découvrir de quel Blaise il peut bien s'agir (Blaise Pascal ?), puisque ledit Blaise, comme vous vous en doutez, ne fait ici que se plier aux nécessités de l'assonance. Un procédé qui a connu, au cours du XXe siècle, un vif succès, puisqu'on dénombre, avec un sens pas très éloigné de notre Blaise, « tranquille, Émile ! », « cool, Raoul ! » ou « relax, Max ! », sans oublier ces multiples ponctuations orales qui semblent devenues inusables, « à la tienne, Étienne ! », « tu parles, Charles ! », « tout juste, Auguste », « Fonce, Alphonse ! »...

« Je compte appeler mon premier fils Blaise. J'ai vu ce nom dans un livre de Brenda Jagger et je le trouve beau. Je n'ai entendu parler du dicton «à l'aise, Blaise» qu'après. Cela n'a en rien changé mon avis. Ne vous basez pas sur des préjugés ! »

(*Le Journal des Femmes*.)

ALLER COMME UN TABLIER À UNE VACHE

La vache occupe une place de choix dans l'imaginaire langagier français, et on aura l'occasion de la voir pointer à nouveau son museau dans d'autres locutions très courantes (cf. *infra* « manger de la vache enragée », « il pleut comme vache qui pisse »).

Ici, sous la forme d'une comparaison quelque peu vacharde, la locution apparue au début du XIXe siècle « ça lui va comme un tablier à une vache » s'applique à une personne dont on veut moquer l'accoutrement.

Ce serait peu de dire que ce vêtement (robe de soirée, smoking, tenue à la mode du moment...) lui va mal ; cela lui va *grotesquement* mal, suggère l'expression.

En tablier, avec des bretelles ou un faux col – puisqu'on relève aussi les variantes : « ça lui va comme des bretelles à une vache », ou « comme un faux col à une vache » –, l'image est aussi efficace que, lorsque dans un numéro de cirque, pour l'hilarité des spectateurs petits et grands, les animaux entrent en scène empruntés dans des vêtements humains.

« eBay n'est pas l'endroit pour un truc aussi sérieux qu'un mariage. Allez dans une boutique, comparez... Sur eBay, vous risquez d'acheter une robe qui va vous aller comme un tablier à une vache. » (Questions-réponses, *ebay.fr*.)

ALLER SE FAIRE VOIR CHEZ LES GRECS

Lancée généralement sous forme impérative : « Va te (allez vous) faire voir chez les Grecs ! », la formule vise à se débarrasser vigoureusement d'un importun. On se souvient que les Grecs de l'Antiquité éconduisaient les fâcheux en les envoyant « aux corbeaux » et, filant la métaphore animale, on a dit en français ancien, et on continue de dire encore, « envoyer paître quelqu'un » (tiens ! ne revoilà-t-y pas notre vache ?), en concurrence avec une autre locution exprimant l'idée de prendre l'air : « envoyer promener quelqu'un ».

C'est à un sens très proche qu'est aujourd'hui perçue l'expression qui existe depuis le tout début du XXe siècle, et la perspective d'« aller se faire voir chez (ou par) les Grecs » semble avoir été interprétée comme une invitation exotique, à telle enseigne qu'on a pu forger sur son modèle « va te faire voir chez les Papous ! »

Mais son sens premier est beaucoup plus explicite, puisque les Grecs ne sont pas ici évoqués pour avoir instauré le modèle de la démocratie, ni fondé les bases du discours philosophique, mais, de façon plus prosaïque, pour leurs mœurs notoirement pédérastiques. Avec son verbe « voir » et son évocation des Hellènes, l'expression n'est, somme toute, que la reformulation euphémistique du tour direct ancien « va te faire foutre ! » que, comme le rappelle Duneton, la bienséance recommandait, jusqu'aux premières décennies du XXe siècle, de noter sous la forme d'un « f » suivi de trois petits points pudiques !

Les expressions populaires se régénérant sans cesse à la source de l'actualité, on a récemment pu entendre la locution employée avec une valeur tout autre : à un homme accoudé au zinc qui se répandait en jérémiades sur la situation économique française, le garçon rétorqua avec gouaille que celui qui n'était pas content pouvait toujours « aller se faire voir chez les Grecs » (au bord de la faillite) ! Serait-ce donc là le début d'une vie nouvelle pour cette locution ?

« Aller se faire voir chez les Grecs ! C'est à peu près le conseil que donne Christine Lagarde aux millions de personnes en ALD (affections de longue durée). » (hémophilie, Blog, *Le Monde.fr*.)

S'**APPELER** « REVIENS »

On ne peut que s'émerveiller devant l'économie de moyens qui caractérise cette expression apparue dans le français familier du XXe siècle.

Jugez plutôt : un ami vous demande de lui prêter quelque chose à quoi vous tenez, soit parce que vous en avez vous-même besoin au quotidien – outil, appareil ménager, tondeuse à gazon... –, soit parce que l'objet en question vous est cher – livre, DVD, bijou (sans autre valeur que sentimentale), tondeuse à gazon... – et vous voilà écartelé entre l'envie de rendre service, de faire plaisir à votre ami, et la peur panique d'être privé de cette chose à laquelle vous tenez tant (et plus encore depuis qu'un tiers vous la réclame !).

La solution ? Tendre à l'ami l'objet en question en l'accompagnant de la formule lapidaire et catégorique : « Il s'appelle

«Reviens» ». En lui donnant un nom, en le personnifiant, vous faites ainsi passer la chose empruntée du statut d'objet à celui de sujet et, bien plus efficacement qu'avec de longs palabres, signifiez par là même à votre emprunteur que ladite chose vous est aussi chère qu'un ami dont vous souffririez d'être privé.

« L'Aide publique s'appelle reviens... Un total de 3,87 millions d'euros. C'est le montant que devra verser à la ville de Toulouse l'entreprise Storagetek [...] [qui] avait bénéficié d'aides publiques pour son installation sur la commune en échange de créations d'emplois. » (*20minutes.fr*.)

Avoir une **araignée** au plafond

On disait déjà couramment au XIXe siècle d'un « homme bizarre et un peu fou » qu'« il a une araignée *dans* le plafond », ainsi que le note Littré. Le corps, dans l'imagerie populaire, étant traditionnellement assimilé à un logis, un édifice, vous concevez aisément que le crâne, le cerveau soient ici incarnés par le plafond, de même qu'ils seront ailleurs transcrits en termes de toit, toiture (cf. *infra* « yoyoter de la toiture »).

Mais plus étonnant vous semble le choix de cette araignée – que vous prenez traditionnellement comme présage (« araignée du matin, chagrin... ») ou synonyme de négligence, d'abandon (des toiles d'araignée) – pour suggérer la folie douce. Pourtant, dès le XVIIe siècle, la présence de petits insectes servait à transcrire l'extravagance, puisqu'on disait « avoir des moucherons ou des grillons dans la tête », image qui sera reprise, non sans être retouchée, au XXe siècle, par « avoir un hanneton sous l'abat-jour », « avoir des papillons dans le compteur » : dans tous les cas, c'est le nombre et la course affolée des insectes enfermés qui viennent se cogner aux parois, le bruit de leurs ailes, leur bourdonnement, qui rendent l'idée du cerveau quelque peu troublé.

Mais l'évocation de l'araignée solitaire ourdissant sa toile dans la lenteur et le silence, qui suggère elle aussi la présence d'un hôte indésirable, s'explique sans doute à la lumière d'une expression courante au XVIIIe siècle (notamment chez Voltaire), peu à peu tombée en désuétude, « être piqué de la tarentule », qui voulait déjà dire être un peu fou, la tarentule étant une grosse araignée originaire de Tarente dont la piqûre avait pour effet de déclencher des troubles nerveux.

« Avez-vous une araignée au plafond ? Non, mais j'en ai une dans ma tête qui fait du trapèze ! » (Questions-réponses, *Yahoo.fr*.)

Arriver comme mars en carême

Voilà une expression très ancienne que, manquant des éléments nécessaires à son décryptage, vous n'êtes plus très sûr de comprendre lorsque vous l'entendez employée aujourd'hui. Et vous avez raison, car la tendance actuelle à l'aligner sur d'autres locutions de construction analogue, plus familières, telles « arriver comme un cheveu sur la soupe », « comme un chien dans un jeu de quilles », au sens de chose qui arrive mal à propos, de façon intempestive, aboutit à un contresens absolu.

Le carême désignant la période de quarante-six jours, de Mardi gras à Pâques, où, excepté les dimanches, les catholiques se devaient d'observer le jeûne, on comprend que le mois de mars ne pouvait faire autrement que tomber pendant le carême ! Dire de quelqu'un qu'« il arrivait (venait) comme mars en carême », signifiait donc, dès le XIVe siècle, qu'il survenait de façon régulière, prévisible et infaillible, sens auquel se surajouta peu à peu la nuance de moment propice, bienvenu, ce qui donna naissance, au XVIIIe siècle, à une variante aujourd'hui oubliée « arriver comme marée en carême » (abondance de poissons étant bien accueillie par qui mange maigre).

« Au Vélodrome, on attend, comme mars en carême, le retour au sommet de Niang et la confirmation de Brandao sur une série de matchs. » (*So foot.com.*)

Avaler son bulletin de naissance

L'expression a moins d'un siècle d'existence, mais prend la suite de nombreuses autres expressions couramment utilisées tout au long du XIXe siècle, comme « avaler sa langue, sa cuillère, sa fourchette, sa chique, sa gaffe »... pour signifier le passage de vie à trépas.

Mais, comparativement à ces locutions où dominait l'idée d'étouffement, il y a dans « avaler son acte, extrait ou bulletin de naissance » une nuance supplémentaire, un angle différent adopté. Car ingérer son bulletin de naissance, à savoir ce qui

établissait matériellement, légalement, son existence et sa place effective dans le grand corps de la société, revient à s'éliminer de son propre chef, à s'autoannuler en tant que membre social.

C'est cet éclairage intéressant et neuf qui explique peut-être la faveur durable de l'expression, aujourd'hui encore très employée, en dépit de la pléthore d'images qui transcrivent l'instant de la mort : « casser sa pipe », « passer l'arme à gauche », « partir les pieds devant », « tirer sa révérence », « rejoindre le boulevard des allongés », « aller aux fleurs », etc.

« Michael Jackson avale son acte de naissance. » (Blog de Kokoye, Haïtien.)

B

L'avoir dans le **baba**

C'est ce que vous vous exclamez d'ordinaire lorsque vous prenez la claire conscience que vous avez subi un échec et vous êtes fait berner, flouer, duper : « je l'ai dans le baba ». Mais l'image imposée par la locution est-elle aussi nette que votre désappointement ?

Tout le doute repose, en fait, sur ce ludique « baba » qui a plusieurs sens en français : depuis le *baba* au rhum d'origine polonaise au *baba cool* hindou, en passant par l'adjectif *baba* qu'on retrouve dans l'expression « en rester baba », apparenté au verbe « béer », avec l'idée de bouche grande ouverte par l'étonnement.

C'est sans doute de ce dernier que procède le sens argotique du mot apparu au début du XXe siècle, d'abord pour désigner le sexe féminin, puis le derrière. Aucun doute possible, donc, sur la valeur à attribuer à ce « l' », et l'image de la possession sexuelle est aussi crue que dans l'expression de référence « l'avoir dans le cul » ou dans sa variante sans équivoque « l'avoir dans l'os », même si elle a acquis droit d'asile dans la langue familière grâce aux rassurantes rondeurs du baba...

« Ce qui est sûr, c'est que si Sochaux achète ce joueur (l'attaquant Baba), on risque de l'avoir dans le baba ! »

(*mercato365.com*.)

Baisse la tête, t'auras l'air d'un coureur !

Née au XXe siècle de l'engouement pour les courses cyclistes, cette invitation à adopter une position du corps plus « aérodynamique » se doit d'être délivrée sur le mode ironique à tout apprenti cycliste qui a enfourché son vélo et pédale avec entrain..., mais sans grande efficacité !

Et elle s'emploiera tout aussi bien dans des contextes qui n'ont rien à voir avec la course cycliste ni la course à pied, car ne vous y trompez pas : son véritable signifié n'est pas dans l'encouragement qu'elle prodigue à l'amateur de se comporter en authentique coureur professionnel, mais bien dans son ton gentiment moqueur.

De là que vous puissiez l'appliquer à toute personne qui vous semble ahaner sous l'effort pour un résultat assez mince !

On ne saurait refermer cette brève incursion dans le registre cycliste sans mentionner une locution très entendue ces dernières années pour qualifier quelqu'un qui se trouve tellement accaparé par une tâche qu'il n'a pas le temps, justement, de relever la tête : « avoir la tête dans le guidon ».

« Il existe aussi des montures courbes assurant une protection latérale qui sont assez esthétiques et ressemblent à des lunettes de cycliste, j'en possède une paire. Baisse la tête, t'auras l'air d'un coureur ! » (Forum Chimie de *Futura sciences*.)

BAISSE LE CAPOT, ON VOIT LE MOTEUR !

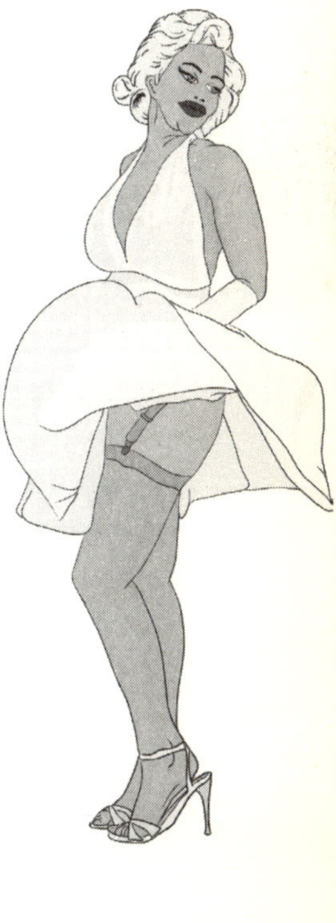

Encore une injonction burlesque, empruntée cette fois au registre automobile, qui a fait florès à partir du milieu du XXe siècle dans les cours de récréation, où la métaphore visait à prévenir une fille, toute à son activité physique (marelle, jeux de ballon, vélo...) que sa jupe s'était relevée et que ses dessous s'offraient aux regards de tous.

Quelque peu surannée aujourd'hui, elle continue cependant de s'employer par plaisanterie, avec un grand clin d'œil au monde enfantin qui permet de faire comprendre à une personne, sans ressentir la gêne de le lui dire directement, que sa fermeture éclair n'a pas été remontée ou que ses vêtements ne sont pas ajustés au mieux.

« Quand on voyait la culotte d'une petite fille : baisse le capot, on voit le moteur ! » (Expressions à la con de notre enfance, Dominique de Coster, *facebook.com*.)

C'EST TROP DE LA **BALLE** !

Enfants, petits-enfants, jeunes voisins ou élèves : si vous avez dans votre entourage quelque chose qui ressemble de près ou de loin à un ado, pardon un « djeun's », vous ne pouvez pas ne pas avoir remarqué que c'est l'exclamation incontournable du moment, qui sert à manifester son enthousiasme devant une chose jugée extraordinaire, super, géniale, ou, pour sacrifier à une autre expression au goût du jour, plus platement « trop bien ! »

L'expression a surgi dans les toutes dernières années du XXe siècle, peut-être d'abord, comme l'assurent certains, dans le milieu des consommateurs de cannabis, en tout cas dans le sillage de la locution « c'est de la bombe », qui aurait été calquée, comme l'expliquent Bernet et Rézeau, sur l'anglo-américain *that's the bomb*, qui signifie « c'est remarquable », et serait fréquemment renchérie par l'adjectif « atomique ». Lequel adjectif, par contagion, sert également à intensifier notre expression : « c'est de la balle atomique ! »

Il semblerait donc vraisemblable que cette balle appartienne à une arme à feu, et inscrive cette locution nouvelle dans la suite logique des nombreuses expressions appréciatives qui veulent que ce qui est de nature à déclencher l'enthousiasme, déchire, éclate, arrache, tue ou soit mortel !

« La discothèque «Le Point de vue» dans le Finistère... C'est trop, trop de la balle. Y a toujours du monde, toujours de l'ambiance, bref on s'éclate ! » (L'avis de Lolo, *Guidedenuit.com.*)

ÇA VA **BARDER** POUR SON MATRICULE !

Voilà une formule puisée au début du XXe siècle dans l'argot des casernes, où le « matricule », d'abord registre où étaient répertoriés les noms des soldats avec leur numéro d'inscription, désignait, par métonymie, le soldat lui-même.

Quant au verbe d'argot militaire « barder », « manœuvrer jusqu'à la fatigue, soutenir de durs combats », il est passé dans l'expression « ça barde » avec le sens de « ne plus savoir où donner de la tête, que ce soit sous une réprimande ou sous les obus », ainsi que l'explique Déchelette. Mais peu importe, finalement, que l'un et l'autre termes nous soient devenus opaques, du moment que l'on continue à saisir la menace d'une bonne correction proférée sur un ton bon enfant. Comment, dès lors, ne pas céder à la tentation de réinterpréter ce « matricule » – on avouera que la terminaison du mot s'y prête à merveille ! – comme un euphémisme employé en lieu et place du derrière !

« Quand je leur [aux deux spécialistes de la question sur *France Inter*] ai dit que j'étais allé aux Philippines en avion pour faire un reportage sur l'écotourisme... alors là, ça a bardé pour mon matricule ! » (Blog, *France Inter*.)

S'EN **BATTRE** LES COUILLES

Encore une expression qui jouit d'une faveur exceptionnelle dans la bouche des jeunes, qu'il s'agisse de garçons comme, plus étrangement, de filles !

Apparue dans le langage très familier de la fin du XXe siècle, elle reprend le flambeau d'une expression attestée depuis le XVIIe siècle, « s'en battre l'œil » qui signifiait déjà « se moquer complètement de quelque chose ».

Employée par de nombreux auteurs, tel La Fontaine, cette locution sentait déjà quelque peu le soufre (l'œil étant souvent un euphémisme pour l'anus) et connut dès cette époque des variantes plus triviales, comme « s'en battre les fesses », fesses qui pouvaient à leur tour jouer à se masquer sous une autre paire corporelle non moins charnue : « s'en battre les joues » relevée en 1690 par Furetière.

« S'en battre les couilles » propose elle aussi de nombreuses variantes humoristiques, telles « s'en battre les couettes », « les glandes » ou « les steaks » (que d'aucuns, expliquant que les « steaks » en question désignent les organes sexuels féminins, donnent comme la forme féminisée de la locution) ou encore, due sans doute à une interprétation erronée, « je m'emballe les couilles ! »

On rencontre également des précisions d'un intérêt non négligeable, quoique selon toute vraisemblance douloureuses, comme « s'en battre les couilles avec une pelle à tarte » ou « avec une chaussette à clous »...

Mais le point le plus intéressant reste sans nul doute que la locution semble s'être suffisamment vidée de son contenu imagé pour devenir prononçable dans tout contexte et par tous. Qu'une jeune fille, qu'une femme puissent affirmer désormais sans sourciller « j'm'en bats les couilles » dans une conversation courante, sans faire tiquer personne, n'est-il pas l'indice que l'expression n'est plus aujourd'hui perçue que comme l'équivalent des « j'm'en fiche » ou « j'm'en balance » employés par les générations précédentes ?

« Sa sanction par le Conseil national de l'éthique [...] pour cause de «tarlouzerie» ? «Je suis très affecté, murmure Louis Nicollin (le président du club de foot de Montpellier), ironique, avant de lâcher, je m'en bats les couilles.» » (*Libération.fr*.)

C'EST LA **BÉRÉZINA** !

L'expression fait allusion à l'épisode le plus dramatique de la retraite de Russie : le 26 novembre 1812, Napoléon arrive au bord de la Bérézina, rivière de Biélorussie qui se jette dans le Dniepr. Un soudain dégel empêchant les soldats de la Grande Armée, déjà épuisés par le froid et la faim, de la franchir à pied, le général Éblé fait construire en toute hâte par ses pontonniers deux ponts permettant aux soldats de franchir la rivière, qui n'a pas plus d'une centaine de mètres de largeur.

Pour ne pas être empruntés par l'ennemi, les ponts seront ensuite détruits, et les nombreux traînards de l'armée napoléonienne, lorsqu'ils parviendront au bord de la Bérézina, n'auront d'autre choix, comme le raconte le roman de Patrick Rambaud, *Il neigeait*, que de se lancer dans les eaux glacées de la rivière, où ils se noieront, ou de se laisser massacrer par l'ennemi. Étrange épisode, donc, que cette bataille de la Bérézina ; quoiqu'elle ait permis à Napoléon d'échapper habilement aux puissantes forces russes menées par Koutouzov, elle est restée le symbole d'une déroute et d'une hécatombe sans pareilles.

L'expression « c'est la Bérézina ! » s'est répandue vers le milieu du XXe siècle, pour signifier, souvent avec humour, que tout est perdu, que l'échec est complet et définitif.

En dépit de ses consonances incontestablement harmonieuses, il semblerait toutefois que l'expression, n'étant plus comprise (à telle enseigne que le nom propre est souvent écrit sans majuscule), s'emploie de moins en moins en ce début de XXIe siècle, où on lui préfère de loin l'apocope « c'est la cata ! »

« Mondial 2010 : c'est la bérézina pour les Bleus ! » (RTL.)

Bisque, bisque, rage !

Même si vous avez passé l'âge de la prononcer pour faire enrager quelqu'un, cette formule du vocabulaire enfantin ne vous en semble pas moins mystérieuse, et vous seriez bien aise de percer enfin son secret.

Renoncez tout d'abord à l'espoir de la relier d'une façon quelconque à la délicieuse bisque de homard, ou d'écrevisses, ou même de tourteau.

Abandonnez aussi à leur sort les Biscayens, originaires de la province espagnole de Biscaye, dont on prétend qu'ils avaient, dès le XVIIe siècle, la réputation de fieffées canailles. Et, conscient que bien des incertitudes demeurent quant à l'étymologie à attribuer au verbe « bisquer », employé ici à l'impératif sur le même plan et au même sens que le verbe « rager »,

prenez le parti d'emprunter la seule voie qui offre quelque vraisemblance : le jeu de paume.

En effet, la « bisque » y représentait un avantage de quinze points que le joueur prenait sur son adversaire et qu'il avait la liberté d'utiliser à son choix dans le cours de la partie. On disait alors « donner une bisque » au sens de donner un avantage, et du joueur qui prenait son temps pour compter ses quinze points qu'il « prenait sa bisque », « prenait bien sa bisque », ce qui, on le conçoit aisément, ne devait pas manquer de faire enrager l'adversaire ! « Prendre bien sa bisque » s'employait vers le milieu du XIXe siècle, explique Quitard, « dans le sens de profiter habilement de quelque avantage ». Si l'on en revient à présent à notre cour de récréation, pour y réfléchir aux situations où apparaît la locution, il est vrai qu'il s'agit le plus souvent de susciter chez l'autre du dépit, de la jalousie, en faisant mention d'un avantage, d'une faveur dont on jouit : « Mon papa, il a une grande voiture toute neuve ! Bisque, bisque, rage ! »

Mais, comme vous vous en rendrez compte alors, approcher de l'origine probable de la formule n'en déflore pas pour autant le secret magique, qui tient avant tout dans le rythme sur lequel la locution se doit d'être scandée, *bisqueu-bisqueu-rageu*, sans omettre d'en prolonger l'effet par une langue largement tirée ou un ajout pittoresque « mang(e)ras-du-froma-ge ! »

« Quand j'étais au patronage/Tous les garçons de mon âge/Me trouvaient très à la page/Ça, c'est vrai !/Mais pour dompter ma nature/Il me fallait des coups de pied au.../Bisque, bisque, bisque, bisque, rage ! » (*Bisque, bisque, rage !*, chanson de Richard Anthony.)

Être bling-bling

« Cannes, c'est bling-bling », avez-vous entendu proférer péremptoirement à l'ouverture du 63e festival (*Libération*, 13-05-2010). Et, sans prétendre être exhaustif, vous avez pu inventorier çà et là dans les médias un président bling-bling, une droite bling-bling, des milliardaires russes bling-bling, l'univers bling-bling des footballeurs, la bague bling-bling de Rachida... Sans compter les conversations privées où, dans la première décennie du siècle, la formulette est devenue omniprésente pour stigmatiser tout ce qui est jugé clinquant et tapageur.

L'expression invariable est d'origine onomatopéique, et a été empruntée au vocabulaire des rappeurs noirs américains, où elle fait entendre le bruit que font en s'entrechoquant les innombrables bijoux, montres, colliers, bagues et bracelets, que se doit d'arborer avec ostentation tout rappeur digne de ce nom. De là, elle s'est appliquée à toute personne qui accumule les signes de sa richesse et les étale avec une naïve délectation, tel le monsieur Jourdain du *Bourgeois Gentilhomme* de Molière. À la différence de l'expression « être paillettes » qu'on a aussi beaucoup entendue au cours de ces dernières années, qui dénote une personne versatile, attirée par tout ce qui brille et ce qui pétille, dire de quelqu'un qu'« il est bling-bling » ne stigmatise pas seulement sa vulgarité, mais sous-tend un jugement d'ordre moral, et fait tomber le couperet d'une condamnation pour absence de contenu, vacuité.

« Christine Boutin représentait la morale, Jeannette Bougrab, la méritocratie, et Éric Woerth, la rigueur. Avec ces affaires, tout s'effondre, on revient au bling-bling de 2007. » (propos d'un conseiller ministériel anonyme rapportés par *Le Journal du Dimanche*.)

T'as le **bonjour** d'Alfred !

Après bien des tâtonnements, il semblerait qu'on ait enfin mis la main sur la véritable origine de cette expression : elle apparaîtrait dans la bande dessinée d'Alain Saint-Ogan qui connut un grand succès à partir de 1925, *Zig et Puce*, où Alfred incarnerait un gentil petit pingouin recueilli par les deux héros de la série, lesquels n'omettraient jamais, chaque fois qu'ils triompheraient d'un méchant, de lui lancer : « T'as le bonjour d'Alfred ! » Ce pied de nez verbal, qui a survécu à l'œuvre qui l'avait fait naître, s'emploie désormais pour se débarrasser dans les formes d'un importun.

En usant d'une formule de politesse transmise de la part de ce cher Alfred supposé connu des deux interlocuteurs, on clôt le dialogue et, en le payant de mots, on éconduit de la sorte le fâcheux. Toujours employée, quel que soit le contexte, sous cette forme figée, la locution semble aller jusqu'à s'approcher de certaines formules exprimant la privation comme tintin !

ceinture ! des clous ! : « Et vous avez vu ? Au moment de me donner mon pourboire, t'as le bonjour d'Alfred ! »

Monnaie de singe, donc, que cette formule de politesse sans fondement dont la seule fin est de couper court, congédier, envoyer promener celui qu'elle apostrophe.

« J'ai l'bonjour d'Alfred et pourtant je ne le connais pas/J'ai l'bonjour d'Alfred et pourtant je ne me rappelle pas. » (*T'as le bonjour d'Alfred*, chanson de Patrick Topaloff.)

Pousser le **bouchon** un peu loin

Pour ce qui est du sens, cette expression née vers le milieu du XXe siècle vous paraît aisée à appréhender puisqu'elle met en œuvre la figure bien connue de la litote qui, en minorant le propos, lui confère une force d'autant plus grande : « il pousse (lance ou envoie, autres verbes possibles, semblent avoir perdu du terrain ces dernières années) le bouchon un peu loin », *id est* « il exagère franchement ».

Mais lorsque vous essayez de remettre ce « bouchon » à sa place, les choses se compliquent.

Car les avis divergent : certains commentateurs pensent qu'il pourrait provenir d'une bouteille de champagne, d'une ligne de pêcheur ou encore du jeu de boules où le cochonnet reçoit aussi traditionnellement le nom de « bouchon » ; d'autres sont d'avis qu'il faut le rattacher à l'ancien jeu de bouchon qui consistait à viser à l'aide de palets des bouchons de liège surmontés de pièces de monnaie. S'agit-il là d'une allusion au bouchon figurant dans une locution du XIXe siècle aujourd'hui en voie de raréfaction : « c'est plus fort que de jouer au bouchon ! » qui sert à transcrire l'étonnement, l'incrédulité ressentis devant quelque chose d'incroyable ?

« Tu pousses le bouchon un peu trop loin, Maurice ! » lançait un petit garçon barbouillé de chocolat à son poisson rouge, en l'accusant d'en être à son troisième chocosuiss' de la journée, dans une publicité télévisée qui fit fondre la France en 2006 et remit durablement la formule à la mode.

Avoir **bouffé** du lion

Ce n'est pas l'attribut ordinaire du lion, le courage, présent dans nombre d'expressions françaises mettant en scène le roi des animaux (cf. « un cœur de lion », « se battre comme un lion ») que vous avez en tête lorsque vous employez cette locution apparue vers le milieu du XXe siècle.

Celle-ci s'applique, toujours au passé, à quelqu'un qui fait soudainement preuve d'une énergie, d'une ardeur belliqueuse, d'une volonté de foncer et d'en découdre qui lui sont inhabituels.

De quelqu'un d'un naturel plutôt indolent qui manifeste une ardeur subite au travail, d'un éternel temporisateur qui agit soudain avec résolution, d'un jogger poussif qui vous annonce qu'il part gravir l'Himalaya, vous vous écrierez qu'« il a bouffé du lion ! » Car c'est là le vrai sens de cette locution : expliquer le changement brutal d'un comportement plutôt passif bien connu à une énergie débordante inouïe par l'idée très ethnologique qu'on se l'est incorporée par l'ingestion d'un morceau de l'animal qui la possède naturellement !

« Manuel Valls a bouffé du lion ! [C'est la] valeur montante au sein des quadras-rénovateurs du PS... » (*LaTéléLibre.fr*.)

Être à la **BOURRE**

Vous l'avez si souvent entendue, jetée à la va-vite par quelqu'un de pressé, et si peu vue écrite que sa graphie elle-même vous embarrasse : être à la bourre ? être à labour(s) ?

Un coup d'œil dans les dictionnaires vous permettra d'écarter définitivement la version relative aux travaux des champs, « labour », et vous confortera dans le sens que vous devez attribuer à cette locution apparue au début du XXe siècle, « être en retard », mais ne vous apportera, hélas, aucune certitude absolue quant à l'origine de l'expression.

En effet, si le mot « bourre », qui désigne depuis le XIIIe siècle la matière animale ou végétale (poils, laine, soie, paille...) utilisée essentiellement pour rembourrer matelas, sièges et coussins, a donné naissance à de nombreuses métaphores du remplissage et de la réplétion, cf. l'expression « de première bourre », qui signifie de première qualité, excellent, et proviendrait du vocabulaire des tapissiers, ou le souhait à valeur érotique « bonne bourre ! », qui s'apparente aux locutions verbales « bourrer de coups », « bourrer le crâne » ou « se bourrer la gueule », on voit mal quel peut être le rapport avec l'idée de retard. Ne renâclant pas devant la difficulté, les commentateurs suggèrent plusieurs filiations possibles.

Ou bien l'expression signifierait « être dans la misère, la détresse » et proviendrait du jeu de la bourre, un jeu de cartes d'origine occitane, où tous les joueurs misaient la même somme, laquelle était partagée entre eux en fonction du nombre de plis remporté par chacun. Du joueur qui n'avait fait aucune levée, on disait qu'il était « bourru » et de celui qui, à chaque tour, prenait du retard sur les levées de ses concurrents et perdait son argent, qu'il « bourrait ».

Ou bien, par une allusion encore transparente pour les chasseurs d'aujourd'hui, l'expression tirerait son origine du registre des armes à feu. En effet, la bourre était l'un des quatre éléments dont on garnissait le canon de l'arme (dans l'ordre : poudre, bourre, calepin et projectile), pour assurer l'étanchéité entre la poudre et la balle. « Être à la bourre » aurait donc signifié que le processus de chargement était en cours, mais qu'on n'était pas encore prêt à tirer.

On peut aussi en proposer une origine rurale, en se fondant sur la locution « geler en bourre » relevée par Littré, qui s'appliquait à une vigne « atteinte de la gelée avant que les bourgeons soient sortis », bloquant de la sorte, arrêtant net le processus de développement.

L'une de ces savantes explications a-t-elle eu l'heur de vous convaincre, ou restez-vous sur votre faim, persuadé qu'un maillon de la première importance nous fait encore défaut ?

Dans l'attente de le découvrir, vous pourrez toujours opter pour une autre locution utilisée, depuis la fin du XXe siècle, au sens d'avoir du retard, « être charrette », dont l'origine est, quant à elle, bien établie, puisqu'elle s'expliquerait par « être en charrette », expression appartenant au vocabulaire des architectes ; ils l'emploient pour signifier qu'ils sont débordés de travail, très en retard dans la finition des plans et l'élaboration d'un projet.

« Aujourd'hui, je suis arrivée à la bourre au boulot. Ce n'est que vers midi, en me rendant aux toilettes, que j'ai compris pourquoi tout le monde me souriait largement. J'avais encore sur le visage la moustache et les lunettes faites la veille au marqueur par ma fille de six ans. » (*viedemerde.fr*.)

Faire tourner en **bourrique**

« Ils me font tourner en bourrique » : n'est-ce pas l'expression qui vous vient spontanément aux lèvres face à des enfants turbulents et capricieux ou des supérieurs hiérarchiques qui vous agonissent de consignes exigeantes et contradictoires ?

L'expression apparaît vers le milieu du XXe siècle, dans un sens très proche de l'expression née au XVIIe siècle « devenir chèvre » – la variante « ils vont me rendre chèvre » continuant aujourd'hui d'être très employée – laquelle faisait elle-même suite à « prendre la chèvre » qui signifiait familièrement, comme le note Littré, « se choquer, s'irriter sans raison ».

Dans les deux cas, l'idée est la même : à force de demandes opposées et de revirements aussi incompréhensibles qu'exaspérants – dont la succession vertigineuse est rendue à merveille

par le tour factitif « faire tourner en » –, on va se transformer en chèvre, ou en bourrique, c'est-à-dire en âne, deux animaux symbolisant par tradition dans le bestiaire de la langue française (souvent injuste et réducteur), la bêtise absolue et l'entêtement le plus obtus !

« Mon endocrinologue me fait tourner en bourrique ! Me voilà revenue au forum, avec d'autres résultats, j'en suis toujours au même point, je pense que je vais changer d'endo... » (Forum *Vivre sans thyroïde*.)

Au **bout** du quai les ballots !

Jouant sur la double acception du mot « ballot », petit paquet de marchandises et individu lourdaud, pas très futé, terme moqueur qui s'imposa comme injure dans l'argot des poilus, comme le note Déchelette (« Eh ! va donc, ballot ! »), l'expression qui date du début du XXe siècle déroule sous vos yeux étonnés une véritable saynète où le sens circule librement entre les deux niveaux.

Quai de gare, affluence et confusion des jours de grand départ : « Au bout du quai les ballots ! » crie le chef de train, pour que les paquets encombrants soient déposés près du fourgon à bagages.

Mais c'est en même temps, en langage métaphorique, une apostrophe qui invite les badauds, promeneurs et imbéciles

de tout poil, qui n'ont rien à faire là, mais encombrent le quai, à passer leur chemin.

Bref, une locution fine et amusante qu'on regretterait presque de voir sombrer de plus en plus sûrement dans l'oubli, si elle n'avait été remplacée par la non moins savoureuse invective de Coluche à l'adresse des mêmes badauds imbéciles « circulez, y a rien à voir ! »

« Nous (les retraités) constituons une espèce que l'on n'aime pas. À la Caisse primaire d'assurance-maladie, nous avons un représentant contre vingt-sept pour les salariés et autres organisations professionnelles. Pas de quoi infléchir une décision. On est vraiment au bout du quai sur les ballots. » (Propos de Paul Edel, *L'Express.fr*.)

Avoir **bu** l'eau des nouilles

Au cours de ces dernières années, vous avez souvent entendu prononcer avec malice cette expression qui ne remonte pas au-delà de la fin du XXe siècle : dire de quelqu'un qu'il « a bu l'eau des nouilles » suggère qu'il se comporte de façon bête, stupide.

Elle s'inspire naturellement du sémantisme de la « nouille trop cuite » qui s'applique à une personne aussi molle que niaise, mais propose également, par rapport aux très nombreuses locutions qui mettent en scène la bêtise humaine (cf. *infra* « ne pas avoir inventé la poudre »), une nuance originale.

Car boire l'eau des nouilles, c'est avoir l'esprit brouillé au point de confondre ce qui est consommable avec ce qui ne l'est pas, ce qui a de la valeur avec ce qui est digne d'être jeté, bref d'être privé de bon sens et de discernement au point de ne plus distinguer l'essentiel de l'accessoire.

« Encore une qui a bu l'eau des nouilles ! » (Commentaire à une « histoire de blonde », *Blog de papyserge*.)

C

ÇA **CASSE** PAS TROIS PATTES À UN CANARD

Vous raffolez de cette expression imagée à laquelle vous recourez chaque fois qu'une chose, un événement dont vous espériez beaucoup, ou dont on vous avait fait espérer beaucoup, se révèlent n'avoir vraiment rien de transcendant.

C'est donc l'équivalent animalier et humoristique d'autres expressions courantes, telles que « ça casse rien », où le verbe « casser » reprend le sens retentissant qu'il a déjà dans une fête « à tout casser », mais aussi « ça casse pas des briques » qui, sans doute pour sa ressemblance phonique, a pris la suite d'une plus ancienne « ça casse pas les vitres » qu'on n'entend plus guère aujourd'hui – « casser les vitres » étant attesté au sens de « parler sans ménagement » dès la fin du XVIIIe siècle. Toutes ces locutions appartenant à la langue parlée, le premier membre de la négation, « ne », s'y trouve généralement escamoté, sauf dans les dictionnaires qui consignent l'expression sous une forme dûment reconstituée, mais qui n'a pas de réalité dans l'usage : « ne pas casser trois pattes à un canard ».

Mais sur la question principale, les spécialistes n'ont pas fini de s'interroger : d'où vient ce canard à trois pattes ? L'interprétation la plus courante range cette locution parmi ce que les Grecs nommaient dans l'Antiquité *adunaton*, figure de l'impossibilité : étant donné que les canards, jusqu'à preuve du contraire, n'ont que deux pattes, accomplir le tour de force de leur en casser trois relèverait du miracle et par là même vaudrait vraiment le détour !

Bref, notre canard à trois pattes rejoindrait de la sorte le mouton à cinq pattes... Et dans certaines régions, on va même jusqu'à lui en attribuer quatre, sans doute parce que ce nombre sonne de façon plus satisfaisante à l'oreille : « ça casse pas quat' pattes à un canard » ! Vous suivez ?

Une autre explication, qui se fait jour depuis quelques années, escamote purement et simplement le canard au profit d'un cheval : en effet, attesté à la fin du XIXe siècle dans l'argot des cochers de fiacres parisiens, le canard serait en fait un « cagnard », à savoir un cheval cagneux, soit une piètre monture dont le cavalier, en la poussant à l'extrême de ses forces, au point de lui casser trois pattes, accomplirait un exploit digne d'admiration.

Déchelette range ce « canard » parmi les termes argotiques des poilus servant à désigner le cheval, et lui donne pour synonymes bourrin, cagneux et gaille.

C'est donc vraisemblablement de ce côté que se situe l'origine de notre expression, même si on ne peut exclure que son expansion ait pu être favorisée par la référence à un authentique canard, unanimement comprise par un public auquel, par exemple, étaient familières les aventures du canard Gédéon, héros de la bande dessinée de Benjamin Rabier qui connut un succès retentissant au début du XXe siècle...

« Ça casse pas trois pattes à un canard ! Pour ma part, je ne rachèterai pas cette teinture. » (Avis d'une consommatrice ayant testé « Casting crème gloss » de L'Oréal, *ciao.fr*.)

On a **cassé** le moule

Vous la jureriez forgée d'hier, tant l'image qu'elle impose vous paraît familière, et pourtant cette locution peut se prévaloir de plusieurs siècles d'existence.

Déjà, à la fin du XVIIe siècle, Furetière mentionne l'expression de forme négative : « le moule n'en est pas rompu » à laquelle il confère le sens de « chose dont on ne doit pas trop regretter la perte » (sous-entendu, on pourra toujours la refabriquer si besoin est, mais il n'est pas sûr que cela en vaille la peine...). Dès le XVIIIe siècle, on disait : « le moule est rompu, brisé » pour parler d'une chose, d'un être uniques, qu'on ne pourra espérer ni remplacer ni reproduire puisque le moule qui a servi à sa fabrication a lui-même disparu, et Littré illustre cette définition d'une citation empruntée au *Dictionnaire philosophique* de Voltaire paru en 1764 : « Le moule est-il cassé de ceux qui aimaient la vertu pour elle-même, un Confucius, un Pythagore, un Thalès, un Socrate ? »

Légèrement retouchée dans sa forme par l'introduction d'un auteur indéfini « on », qui accentue encore le caractère irréparable de la maladresse, l'expression se rencontre souvent aujourd'hui gratifiée d'un ajout explicatif : « des comme ça, on n'en fait plus ! »

« Françoise Hardy est le modèle d'un genre qui n'existe plus. Après elle, on a cassé le moule. » (*Fnac.com.*)

C'est la **cerise** sur le gâteau !

Ah ! cette fameuse cerise ! On lui accordait déjà une place de choix parmi les expressions fétiches de la fin du XXe siècle (cf. *Les Mots de la fin du siècle*, Belin, 1996), et on ne s'étonne guère de la retrouver parmi les morceaux de choix de cette première décennie du XXIe siècle !

La métaphore pâtissière calquée dans les années 1980 sur l'anglo-américain *the cherry on the cake* ou *the cherry on the sundae* – importée au Québec sous la forme mixte « la cerise sur le sundae » ! – servait à désigner le petit détail qui venait parachever le tout, le nec plus ultra, le petit « plus » qui couronnait le succès d'une entreprise. Un sens très positif, donc, mais qui ne semble plus correspondre aujourd'hui à celui qui est prêté à la locution lancée sous sa forme exclamative : « c'est la cerise sur le gâteau ! »

« C'est le bouquet ! » a-t-on dit, pour rester dans un registre imagé, à partir du XXe siècle, pour signifier que la mesure était comble. De façon analogue à ce « bouquet » qui constituait d'abord la plus belle pièce d'un feu d'artifice (« le bouquet final ») avant de prendre peu à peu le sens péjoratif de « chose la pire », la « cerise sur le gâteau », d'élément positif portant à son comble la réussite de quelque chose, est devenue, en se figeant dans l'expression « c'est la cerise sur le gâteau », par antiphrase, synonyme de « c'est le plus embêtant, le pire, la goutte d'eau qui fait déborder le vase » !

« Cette violation de l'étiquette [Raymond Domenech qui a refusé de serrer la main de l'entraîneur des Bafana à la fin du match] [...], après tous les impairs commis par les Français depuis leur arrivée en terre sud-africaine, c'était la cerise sur le gâteau, une marque de petitesse d'esprit qui allait forcément être relevée. » (*Cyberpresse.ca.*)

Je **change** de crémerie !

Rien ne vous empêche de lancer cette formule comminatoire au sortir de votre crémerie habituelle, où l'on vous a vendu, pour la deuxième fois en quelques jours, du beurre rance et de la crème fraîche qui ne l'était pas... Mais la formule pourra tout aussi bien vous servir, en l'absence d'œufs et fromages, à manifester votre mécontentement et signifier qu'on ne vous reverra pas de sitôt !

Car cette « crémerie » est à prendre au sens qu'elle avait vers la fin du XIXe et au début du XXe siècle, de petit restaurant populaire, dont le nombre se multipliait à Paris et dans les grandes villes, où l'on servait, au départ du moins, des produits laitiers. « Je change de crémerie ! » était-il alors le cri de dépit lancé par l'ivrogne jeté sans ménagement sur le trottoir par le patron des lieux à l'heure de la fermeture ? On ne saurait l'affirmer avec certitude, mais, partant de l'idée de quitter un lieu pour un autre, plus agréable, où l'on sera mieux accueilli, l'expression devint synonyme, dans la première moitié du XXe siècle, d'autres locutions populaires comme « mettre les bouts » ou « débarrasser le plancher », au sens plus large de « s'en aller », « aller voir ailleurs ».

Aussi semblerait-il que, depuis la fin du XXe siècle, on se soit rapproché du sens d'origine de l'expression, puisqu'on l'emploie désormais dans un contexte « commercial », pour signifier que, mécontent des services d'un fournisseur, des prestations d'un commerçant ou d'une institution quelconque, on compte bien faire jouer la concurrence et aller voir ce que propose le voisin !

« Changer de crémerie si on n'est pas satisfait ! Ce ne sont pas les écoles qui manquent. Mécontente de la prise en charge de ma fille dès la première année de maternelle, j'ai changé d'établissement et ça a tout changé. » (*forums.france5.fr.*)

On **change** pas une équipe qui gagne !

« Équipe », « gagne » : cette locution empruntée au vocabulaire sportif a commencé de se répandre, vous vous en souvenez, dans le langage familier vers la fin du XXe siècle.

Sous ses allures de vérité générale, de formule quasi proverbiale, la locution suggère que, lorsqu'un assemblage, un mélange composite, fonctionne bien, il serait idiot et risqué de vouloir

le modifier d'un iota. Elle peut, restant fidèle à son sens premier, s'appliquer à tout groupe d'individus liés par un intérêt commun, à toute équipe de travail qui a fourni des preuves de sa haute cohésion interne et de sa capacité à atteindre les objectifs fixés par le groupe.

Mais elle peut aussi, plus largement, se dire de toute chose qui, donnant entière satisfaction, ne saurait être remise en question.

Ainsi a-t-on pu entendre, dans un bar de la place de la Nation (06-05-2010), le garçon de café, après s'être assuré auprès de deux clients habitués qu'ils prendraient les mêmes consommations qu'à l'ordinaire, lancer dans un clin d'œil : « OK, on va pas changer une équipe qui gagne ! »

Faut pas **charrier** dans les bégonias !

Vous avez beau l'avoir entendue des centaines de fois, l'expression vous semble conserver toute sa fantaisie, mais aussi tout son mystère ! Par quel cheminement étrange, vous demandez-vous, l'image de transporter quelque chose dans un chariot (c'est le sens premier du verbe « charrier ») au beau milieu d'un parterre de fleurs (les bégonias) a-t-elle bien pu en arriver à signifier « tu exagères », « vous exagérez » ?

De fait, « charrier », qui pouvait être remplacé par l'ancien verbe « cherrer », a pris au XIXe siècle le sens métaphorique de « transporter en paroles », pousser trop loin une plaisanterie, blaguer outre mesure, abuser de la crédulité de quelqu'un. On comprend mieux, dès lors, le « char » de l'expression « arrête ton char ! », qui, même si on a pris l'habitude de le compléter par l'apostrophe « Ben-Hur », ne désigne pas le véhicule antique, mais le « char » (ou « charre ») qui signifiait « bluff » en argot.

« La blague », explique Déchelette, « poilu de 2e classe et licencié ès lettres », dans son dictionnaire humoristique et philologique, *L'Argot des poilus*, « est aussi nécessaire au poilu pour faire la guerre que le pinard et les cartouches. Mais si on exagère, le poilu s'écriera : «Tu charries ! *ou* tu cherres dans le mastic *ou* dans les géraniums, *ou* dans les bégonias, *ou* tu bouscules le pot de fleur, *ou* tu attiges.»

Ces bégonias qui vous intriguent tant ne seraient donc qu'une des formes possibles de l'expression, à côté d'autres variantes également horticoles (géranium, pot de fleurs) et d'un très opaque mastic ! S'il ne fournit pas d'éclairage sur ce « mastic » (que d'autres dictionnaires d'argot donnent comme synonyme de « besogne, travail »),

Déchelette nous donne, en revanche, de précieuses indications concernant les autres termes : le « pot de fleur » désignait le képi, le casque, et « dépoter son géranium » signifiait « être tué », tandis que « se bigorner les bégonias », voulait dire « se casser les jambes dans une chute en avion », toutes précisions qui laissent à penser à quel point les innocentes plates-bandes cultivées de notre expression pouvaient se révéler aussi vitales que fragiles.

« Je comprends pas, parce que j'ai un facebook pour des élèves de 11 à 15 ans, et j'ai jamais vu autant de fautes ! donc, faut pas charrier dans les bégonias ! » (Forum, *Doctissimo*.)

Faites chauffer… !

Vous avez noté que, dans la conversation familière, cet ordre de chauffe pouvait s'appliquer à plusieurs choses distinctes.

À la colle qui permettra de rafistoler un objet, d'abord, puisque l'exclamation « faites chauffer la colle ! » s'emploie depuis le milieu du XXe siècle pour saluer avec humour le bruit que fait un objet qui se brise. Par plaisanterie, elle peut aussi se délivrer à une personne qui patatras ! fait devant vous une chute spectaculaire, mais manifestement sans gravité.

« Faites chauffer les semelles ! » dit-on encore pour inviter quelqu'un à danser sans modération, « faire chauffer les (ou ses) semelles » pouvant également signifier, comme on fait chauffer le moteur de son véhicule avant de démarrer, l'annonce d'un départ imminent. Avec, en arrière-plan, un petit clin d'œil à l'expression « battre la semelle », qui a pris au début du XIXe siècle le sens concret de « frapper le sol de ses pieds pour les réchauffer ».

Enfin, dernière-née de ces expressions, « faites chauffer la carte ! » – qui peut être développée, pour éviter toute confusion, en « faites chauffer la carte bleue, la carte bancaire ou la carte de crédit » –, s'emploie pour suggérer un usage immodéré de ce moyen de paiement. Qui peut même aller, ainsi que le relèvent Bernet et Rézeau, jusqu'à la surchauffe, sous la forme « faire fumer *ou* faire rougir la carte bleue » !

« Avec les magasins U, consommez sans faire chauffer la carte bancaire », conseille une publicité diffusée à la radio.

Y A UNE **COUILLE** DANS LE POTAGE

L'image vous paraît un peu leste, mais vous lui reconnaissez le mérite incontestable d'être très claire...

Pour exprimer qu'on rencontre un ennui, le français populaire dispose d'une large batterie de formules : y a un souci, un problème, un bug (insecte, en anglais, cafard ou papillon nocturne, selon les versions, ayant endommagé les circuits d'ordinateurs), une merde, ou encore « y a une couille » qui, abstraction faite de sa taille, peut dénoter un ennui assez grave : « il m'est arrivé une sacrée couille ».

Mais après adjonction du potage, le sens diffère quelque peu. Car il semblerait que, dans l'expression, l'accent ne soit plus porté sur la couille en tant qu'ennui, mais sur l'incongruité de la présence de ladite couille dans le potage.

On suggère par là qu'il s'agit d'un ennui inattendu, qui n'a tellement rien à faire dans la soupe qu'aucun indice n'aurait permis de le prévoir !

Et l'on ne peut pas s'empêcher de penser qu'il s'agit peut-être là d'une reformulation par une image plus saisissante d'une locution décolorée à force d'être courante, où il était déjà question de souci et de bouillon : « arriver comme un cheveu sur/dans la soupe », soupçon d'autant mieux fondé que « il y a un cheveu » signifiait au XIXe siècle « il y a un ennui »...

Quelques variantes tripières connaissent également un succès notable depuis la fin du XXe siècle : « il y a un os dans le pâté » ou « il y a un os dans le boudin » qui, croisées avec notre expression, ont logiquement donné naissance à « y a une couille dans le pâté » (mais, allez savoir pourquoi, pas encore « dans le boudin » !).

« Une «faille dans le capitalisme» (selon les propos d'Alan Greenspan, l'ex-président de Federal Reserve) ? Une couille dans le potage, oui ! Une grosse et belle couille qui va créer un tsunami économico-financier. Une couille de mammouth géant, quoi ! » (Blog de *Libération.fr*.)

EN TROIS **COUPS** DE CUILLER À POT

Vous êtes plutôt partisan de la version « en deux coups de cuiller à pot » ? Et la « cuiller », vous la préférez sous sa graphie moderne, « cuillère » ?

Si c'étaient là les seules incertitudes à affronter pour éclairer cette expression ! Car, hormis sa date de naissance approximative, le début du XXe siècle, et son sens, « très rapidement et avec facilité », on a fort peu de certitudes à son sujet. Et comme, en matière d'explication étymologique, on se montre généralement d'une ingéniosité d'autant plus prolixe qu'on est peu sûr de ce qu'on avance, cette locution a donné lieu à de nombreuses interprétations qui, ne serait-ce que pour leur originalité, méritent d'être mentionnées.

Cette « cuiller à pot », que l'on tient fermement en main, existait autrefois dans toutes les cuisines, et Littré la décrit, au XIXe siècle, comme une « cuiller large et profonde, avec laquelle on prend le bouillon dans le pot-au-feu pour tremper la soupe », à savoir pour le verser sur une tranche de pain, sens premier du mot « soupe ».

De là, l'hypothèse de la soupière vidée en un clin d'œil, à l'aide de cette grosse louche, qui aurait donné naissance à la

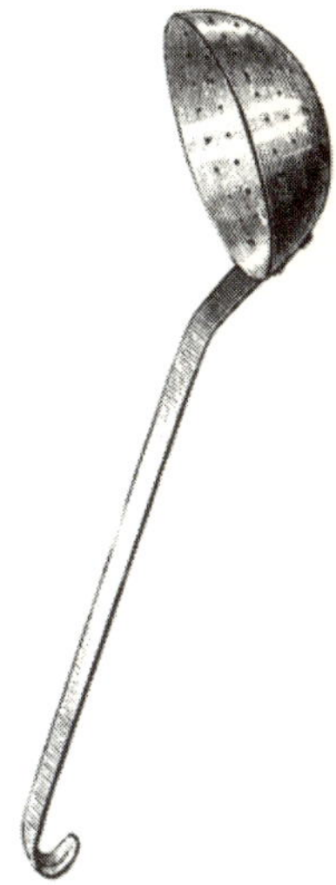

locution, peut-être d'abord, comme le suppose Duneton, pour désigner la distribution de la ration alimentaire, dans l'argot des casernes ou en milieu carcéral.

Sauf que, observe à juste titre Cellard, l'expression semble apparaître « au moment où, précisément, l'objet disparaît des foyers », et, de surcroît, « personne n'a jamais donné des "coups" de louche ou de cuiller à pot dans une marmite » ! Et Cellard de proposer d'autres pistes de recherche souvent reprises par les spécialistes qui s'attaqueront à l'expression après lui : dans le registre des typographes, la « cuiller à pot » désignait le grand composteur qui permettait un travail plus rapide quoique moins soigné. Dans le vocabulaire de la marine à voiles, la « cuiller à pot » était le nom donné au sabre d'abordage, à cause de la forme arrondie et creuse de sa garde, ce qui, naturellement, irait à merveille avec les coups portés pour se rendre maître de l'ennemi.

Et on a gardé, comme il se doit, la meilleure interprétation, la plus proche du canular, pour la fin : le bon roi Henri de Navarre ayant laissé à Pau, capitale de son royaume, son épouse sur le point d'accoucher, aurait annoncé à sa cour la naissance de son fils en ces termes : « La reine nous a donné un prince en trois coups de cul, hier, à Pau » !

Plus sérieusement, on peut s'étonner que la filière argotique n'ait pas été fouillée avec plus de sérieux et de méthode. En 1894, on relève, en effet, l'emploi des mots « louche » et « cuiller à pot » pour désigner, par analogie de forme évidente, la main. On dit encore « se serrer la cuillère » avec le sens d'échanger une poignée de main.

En remontant encore quelques années plus tôt, jusqu'en 1888, on trouve même, sous la plume d'un spécialiste de l'argot parisien, Lucien Rigaud, une attestation de la cuiller à pot au sens de poing.

Un coup de cuiller à pot deviendrait, de façon lumineuse, un coup de poing, et l'expression « en trois coups de cuiller à pot, sa soupe est trempée » signifiait, en des termes que n'eût pas désavoué notre Littré, régler son compte à quelqu'un vite fait, bien fait !

« Ma valise n'a pas de dents mais un appétit canin/Si je n'étais pas prudent, j'crois qu'elle me mordrait la main/En trois coups d'cuiller à pot, y rest'rait plus qu'mon chapeau. » (*La Malle*, chanson de Thomas Fersen.)

C'EST LA **COUR** DU ROI PÉTAUD !

Telle est l'exclamation que vous lancez avec réprobation lorsque vous arrivez dans un lieu où vous semblent régner désordre et confusion, reprenant ainsi une formule qui existe depuis le XVIe siècle.

On sait fort peu de chose de ce « roy Pétault » dont Rabelais fait une brève mention dans le *Tiers Livre*. À sa suite, des générations d'exégètes zélés se sont perdues en conjectures : s'agirait-il d'un roi mendiant (du latin *petere*, « quémander ») ou, digne ancêtre d'Ubu-roi, d'un roi qui pète ?

À moins d'y voir un jeu de mots sur le nom de l'oiseau petit-roi, surnommé « roi pétaré », le roitelet, qui erre çà et là sans fixer sa demeure...

Ce qui est sûr, en tout cas, c'est que le sens de cette expression s'est maintenu depuis la fin du XVIe siècle, sens dont Molière rend fidèlement compte dans *Le Tartuffe* (I, 1) :

« On n'y respecte rien, chacun y parle haut,
Et c'est tout justement la cour du roi Pétaud. »

Ce personnage de comédie a même donné naissance, dès le XVIIe siècle, au nom commun « une pétaudière » qu'on emploie encore aujourd'hui, souvent pour désigner une assemblée houleuse où tout le monde parle en même temps dans un beau charivari.

« Carla, Rachida et la cour du roi Pétaud. Mais dans quelle pétaudière vivons-nous et jusqu'où le couple Sarkozy-Bruni va-t-il ridiculiser l'Élysée, c'est-à-dire l'État ? » (Blog de Thierry Desjardins.)

Être né avec une **cuillère** en argent dans la bouche

C'est l'image couramment prêtée aux fils et filles de bonne famille et autres fils et filles à papa, dont on se plaît à dire, non sans une pointe d'envie, qu'« ils n'ont eu qu'à se donner la peine de naître ».

Serez-vous étonné d'apprendre que cette formule d'appartenance à un milieu social aisé a été empruntée aux Anglais, vers le milieu du XIXe siècle, à l'imitation de leur expression : *to be born with a silver spoon in one's mouth* ?

Dès l'Antiquité, Hippocrate avait recours à une poudre d'argent très fine pour guérir les blessures ulcérées, et Pline recommandait l'usage médical de ce métal précieux, à cause de ses propriétés germicides et bactéricides. Aussi peut-on conjecturer que l'emploi d'ustensiles en argent pour les tout jeunes enfants, suggéré par notre expression, ne visait sans doute pas autrefois à connoter leur haute naissance, mais bien à les protéger contre les maladies. En se répandant largement au cours du XXe siècle, l'expression, par surenchère, s'est muée, comme le relèvent Bernet et Rézeau, en « être né avec une cuillère d'or (ou dorée) dans la bouche ».

On l'a aussi entendue sous la forme plus suggestive de « être né avec une cuillère en argent dans... le cul », sans doute pour insister sur le fait qu'appartenir à une famille riche, c'est avoir du « cul » (de la chance) dès sa naissance, variante qui se rapproche de la version espagnole de l'expression : *una flor en el culo*.

Et, revenant aux sources anglo-saxonnes de la locution, on n'omettra pas de mentionner la sauce « société-de-consommation » à laquelle l'accommodèrent les Who, en 1966, dans leur chanson *Substitute* : *I was born with a plastic spoon in my mouth...*

« Nous ne sommes nés ni l'un ni l'autre avec une cuillère en argent dans la bouche. Il faut faire attention que l'argent ne tue ni l'envie ni le désir de faire, d'accomplir et de rêver... » (propos d'Emmanuelle Cosso-Merad, femme du comédien Kad Merad, *Paris Match*.)

Avoir le **cul** bordé de nouilles

On reste dans le registre de la poésie et de la délicatesse avec cette expression qui ne laisse pas de vous intriguer par l'image surprenante qu'elle propose.

On signalait déjà, à la fin de l'article précédent, que « avoir du cul » (ou, au choix, du bol, du pot, de la chatte, toutes métaphores au-dessous de la ceinture), c'était avoir de la chance.

Plus de partitif, ici, mais l'article défini, qui apparente l'expression à une formulation datant du début du XXe siècle : « avoir le cul verni », elle-même réfection d'« être verni » qui « se dit, explique Déchelette, de celui qui a la chance de ne rien attraper dans les pires moments » (au front, bien sûr) et qu'Esnault explique comme une « métaphore de causalité : le malheur glisse sur un verni ».

Plus question de vernis dans notre expression apparue vers la fin du XXe siècle, mais des « nouilles », dont la présence à cet endroit-ci se révèle pour le moins embarrassante.

Faut-il supposer, avec certains commentateurs, que ces « nouilles » incongrues ne seraient qu'une corruption de « couilles », ou bien encore un euphémisme employé à dessein, pour éviter, justement, d'avoir à prononcer « le cul bordé de couilles » (qui constituerait une intensification de l'expression « avoir du cul ») ?

Ou alors, si nouilles il y a effectivement, ne peut-on avancer que bénéficier d'une chance exceptionnelle, d'un grand coup de bol, soit, finalement, un événement d'une nature si improbable qu'il convienne d'en rendre compte par une rencontre qui le soit au moins autant (cul-nouilles) ?

De toute évidence, on est encore loin d'avoir débrouillé ces nouilles...

« Un cul bordé de nouilles ! Après une victoire heureuse à Sochaux, l'OM a encore gagné dans les arrêts de jeu. » (*Le Phocéen*.)

D

Demain, on rase gratis !

Vous connaissez sans doute l'anecdote : un rusé commerçant, coiffeur et barbier de son état, dont les affaires n'étaient peut-être pas très florissantes, eut la lumineuse idée d'apposer sur la vitrine de son officine un écriteau portant la mention « Demain, on rase gratis ».

Et les clients, à l'affût des bonnes affaires, se mirent à affluer, pour bénéficier de l'offre alléchante, laquelle offre ne passait jamais au stade de la réalisation effective, puisque ladite pancarte restait accrochée jour après jour, différant éternellement le rasage gratuit !

On ne sait si cette petite histoire, qui, selon Duneton, circulait comme une blague très en vogue dans les années 1920, est vraie ou non, mais on est sûr, en tout cas, que cette formule est devenue d'usage quasi proverbial pour symboliser une belle promesse qui sera sans cesse reportée au lendemain – tout le génie de notre supposé coiffeur étant justement d'avoir préféré l'imminence de la chose quasi acquise portée par le présent « on rase » à l'incertitude qu'aurait induite l'usage du futur « on rasera » !

« Demain, on rase gratis et on fait du nucléaire sans danger. » (*lesverts.fr*, titre du communiqué de presse.)

Je te **demande** pas si ta grand-mère fait du vélo !

Vous seriez prêt à parier que cette phrase a vu le jour à une époque où l'évocation d'une grand-mère juchée sur un vélo, tout empêtrée dans les nombreux étages de ses jupons et jupe, produisait un effet si irrésistiblement comique, que, en comparaison, les récentes tentatives de remotivation de la formule : « je te demande pas si ta grand-mère fait du skate, du char à voile, du deltaplane, etc. » ne font que pâle figure...

Laquelle grand-mère à vélo proviendrait, effectivement, d'une chanson à la mode en 1925, tirée d'une opérette audacieusement intitulée *Trois Jeunes Filles nues* : « Est-ce que je te demande si ta grand-mère fait du vélo/Si ta p'tite sœur est grande/Si ton p'tit frère a un stylo/Si ta cousine Fernande/

Pour coudre des anneaux aux rideaux/Prend les aiguilles du phono ? »... Immortel refrain où l'évocation prosaïque des liens familiaux de l'interlocuteur (grand-mère, p'tite sœur, p'tit frère, cousine) constituait déjà un moyen efficace d'opposer une fin de non-recevoir à des questions indiscrètes, une façon de remettre à sa place, plaisamment mais fermement, un curieux.

« J'vous demande pas si votre grand-mère fait du vélo ! » répond avec gouaille le garagiste et chauffard de Quimper joué par Jean Yanne, lorsque le père qui le soupçonne d'avoir renversé son fils lui demande pourquoi il cherche à se défaire de sa voiture, dans le film de Cl. Chabrol *Que la bête meure* (1969).

Que **demande** le peuple ?

Vous voyez nettement le tableau : une légère brise qui fait trembler les feuilles et apporte à votre odorat la promesse d'un déjeuner presque prêt, et, sous l'ombre délicieuse du grand chêne, allongé sur une chaise longue, un verre de pastis à la main, votre meilleur ami qui se tourne vers vous et s'écrie : « Que demande le peuple ? » Oui, que demande-t-il, que pourrait-il demander de plus ?

C'est ainsi que cette locution – qui prend peut-être sa source, comme l'avancent certains commentateurs, dans le registre de la Révolution, ou, plus modestement, selon d'autres, dans un contexte électoral – s'emploie depuis le début du XXe siècle : sur le mode parodique, mais pour exprimer un bien-être réel, une satisfaction matérielle faite de joies simples. Derrière cette question lancée à la cantonade, cette question qui n'attend pas de réponse, cette interrogation oratoire et humoristique, se dessine toute une petite philosophie de la vie, sorte d'éloge de l'*aurea mediocritas* des Anciens, ce juste milieu qui est d'or.

« Un sirop de menthe maison ? Mais que demande le peuple ? » (*Ptitchef.com*.)

DÉMÉNAGER À LA CLOCHE DE BOIS

On sait que cette cloche de bois, qui vous a toujours intrigué, sert à traduire le caractère soudain et furtif du déménagement en question, puisque la locution signifiait, à son apparition, vers le milieu du XIXe siècle, partir sans payer son loyer, son terme.

On l'emploie toujours avec ce sens aujourd'hui, mais plus souvent encore pour parler de quelqu'un qui est parti définitivement de son domicile, du jour au lendemain et sans tambour ni trompette, pour aller on ne sait où.

On signalera au passage que l'expression « mettre la clé sous la porte », apparue au tout début du XIXe siècle, était de sens tout proche, puisqu'elle voulait dire à l'origine « déménager en douce », sens qui n'est plus le sien aujourd'hui, où l'on emploie indifféremment « mettre la clé sous la porte *ou* sous le paillasson » pour parler d'une brusque cessation d'activité dans un contexte de crise économique.

Mais notre « cloche de bois », dans tout ça ? Delvau et Larchey en donnent le son juste : l'expression d'origine serait « déménager à la sonnette de bois », « sonnette d'hôtel garni que l'on bourre de chiffons pour l'empêcher de sonner lorsqu'on veut s'en aller clandestinement », explique Delvau.

D'abord relevée par Larchey comme simple variante de la sonnette, c'est toutefois elle, la cloche, qui dès la fin du XIXe siècle l'emportera, peut-être à cause du jeu de mots qu'elle rendait possible en arrière-plan avec l'expression argotique « être à la cloche, être clochard », d'autant plus pertinente que ces déménageurs furtifs se retrouvaient souvent à la rue ! Pour conclure, on ne résistera pas au plaisir de citer une expression de la même époque, mais aujourd'hui totalement disparue, que mentionne Duneton : « déménager à la ficelle », c'est-à-dire, pour ne pas éveiller la méfiance du propriétaire qui attend le versement du loyer, la nuit, en faisant passer les meubles par la fenêtre, avec des cordes !

« Tapie expliquera plus tard son déménagement à la cloche de bois par un sentiment de panique de sa femme, laquelle aurait voulu garder des objets auxquels elle était sentimentalement attachée. » (*L'Express.fr.*)

Avoir les **dents** qui…

Sous cette bannière commune se rattachent plusieurs expressions imagées de sens très différents qui méritent qu'on s'y attarde quelque peu.

La plus descriptive, d'abord : « avoir les dents qui courent après le bifteck » qui transcrit, en termes dignes d'un dessin animé ou d'un méchant dessin de Reiser, une implantation irrégulière des dents de la mâchoire supérieure ; elles donnent l'im-

pression d'être sur le point de se carapater de la bouche à tout instant, surtout lorsque quelque chose de hautement consommable, un « bifteck », vient à passer à proximité. On dit également, mettant en œuvre une image dont on attribuerait volontiers la paternité à nos amis québécois : « avoir les dents en chasse-neige ».

Mais on peut aussi, en vertu d'une autre image formée elle aussi vers la fin du XXe siècle, « avoir les dents du fond (ou de derrière) qui baignent » ; elle se dira de quelqu'un qui a trop bu ou trop mangé.

Comme si le trop-plein de l'estomac faisait remonter le niveau de remplissage jusqu'à la gorge, provoquant une forte nausée et l'immersion imminente des dents arrière !

Enfin, non sans rapport elle aussi avec l'estomac, la plus pittoresque : « avoir les dents qui rayent le parquet ». Car l'image procède de l'expression « avoir les dents longues » qui, dès le XIVe siècle, a signifié « avoir faim » – Duneton relève même « avoir les dents aussi longues qu'un gril » au XVIIe siècle, pour dire « avoir grand faim » – , avant de prendre, au XIXe siècle, le sens figuré d'avoir un grand appétit d'honneurs, d'argent, à savoir « être très ambitieux ».

Un siècle plus tard, elles se sont même tellement allongées, qu'elles en sont arrivées à traîner par terre et « rayent ou raclent le parquet ou le plancher, ou déchirent la moquette ». Et libre à chacun, pour croquer l'avidité sans limites de ces jeunes et vieux loups, d'amplifier la locution au gré de son inspiration : « avoir les dents qui rayent le parquet de tout l'appartement »,

« avoir les dents qui rayent le parquet jusque chez les voisins », etc.

« François Copé [...] a les dents qui rayent le parquet, et franchement, jusqu'en 2017 où il espère se présenter, il risque d'avoir besoin d'un bon appareil. »

(Commentaire, *Lesindiscrets.com*.)

Je te le **donne** en mille !

Tu ne devineras jamais ! Je te mets au défi de le deviner ! Voilà en quels termes sera décryptée cette formule par votre interlocuteur, qui ne se laissera nullement troubler par l'étrangeté de l'expression.

Plusieurs dictionnaires proposent de l'interpréter comme une forme condensée, une ellipse, de tours plus longs dont on trouverait attestation en 1761 : « Vous n'avez pas une chance sur mille de deviner », ou « Je vous soumets la réponse, car vous n'avez qu'une chance sur mille de la trouver ». Mais cette explicitation n'est vraisemblablement que secondaire, puisqu'on rencontre déjà, un siècle plus tôt, l'expression sous la plume de Mme de Sévigné : « Devinez-la ; je vous le donne en trois » et, dans une autre lettre : « M. de Lauzun épouse dimanche au Louvre, devinez qui ? je vous le donne en quatre, je vous le donne en dix ; je vous le donne en cent. »

En trois, en quatre, en dix, en cent... Suivant une inflation courante aux locutions qui comprennent des nombres, on serait donc passé, sans doute au début du XXe siècle (puisque Littré ne mentionne encore l'expression que sous la forme

« le donner en dix, en cent »), à mille pour n'en plus bouger. Nombre que les humoristes et caricaturistes se sont fait une joie d'amplifier par le prénom idoine : « Je te (vous) le donne en mille, Émile ! », exclamation qu'on continue d'employer avec fréquence aujourd'hui, non sans un petit clin d'œil au passage à Coluche et San Antonio...

« La polémique sur la revente des stocks de vaccins contre la grippe A enfle... Et je vous donne en mille qui va payer la casse... Encore nous, les contribuables ! »

(Commentaire, *france24.com.*)

E

Emballez, c'est pesé !

Voilà une formule qui ne fait pas mystère de son origine commerciale : on se figure parfaitement le commerçant, une fois la marchandise pesée et payée, qui lancerait cet ordre à l'un de ses apprentis avant de se retourner, un sourire accroché aux lèvres, vers la queue des clients pour crier : « Au suivant ! »

Duneton relève la variante « enlevez, c'est pesé ! », qui aurait eu cours au même moment, à savoir dans les premières décennies du XIXe siècle, pour marquer également la conclusion d'une transaction commerciale. Mais on ne saurait s'étonner qu'elle ait remporté moins de suffrages que le malicieux « emballez » qui, dans l'argot de la police, signifiait également, depuis le début du XIXe siècle, arrêter quelqu'un, le mettre en prison.

L'expression, qui se rencontre aussi aujourd'hui sous la forme plus discutable de « emballé, c'est pesé ! », tendant vraisemblablement à mettre en relief la simultanéité des deux actions des participes passés, s'emploie depuis lors en l'absence de tout contexte commercial comme un synonyme de « c'est terminé ! » Plus récemment, on a forgé avec le même sens une locution qui connaît depuis le début du XXIe siècle un grand succès : « c'est plié ! », laquelle substitue à l'emballage explicitement exprimé dans la locution de référence une invitation implicite au rangement...

« Comme la fin de la série *Nip/Tuck* n'a pas l'air de bouleverser qui que ce soit, l'acteur John Hensley en rajoute un peu : "[...] Cela fait un certain temps que nous avons tout dit. Nous avons fait notre temps." Allez, emballez, c'est pesé ! »

(*starwizz.com*.)

EMBRASSONS-NOUS, FOLLEVILLE !

Si l'invite fait encore résonner un écho souriant en vous, c'est à Eugène Labiche que vous le devez, puisque tel était le titre d'une de ses pièces qui fut représentée pour la première fois en 1850.

On y voyait le marquis de Manicamp, bien décidé à donner sa fille en mariage au chevalier de Folleville qui n'en voulait guère, couper habilement au jeune homme toute possibilité de contredit en faisant assauts répétés de la formule effusive : « Embrassons-nous, Folleville ! » On a oublié son origine théâtrale, mais la locution s'est maintenue dans l'usage courant pour dénoncer des manifestations d'attachement aussi brusques qu'artificielles, des réchauffements de climat relationnel que rien ne laissait prévoir, et son succès ne s'est pas démenti jusqu'à aujourd'hui :

« C'était embrassons-nous, Folleville, aujourd'hui, sur les marchés boursiers, avec + 9, 66 %, soit la troisième plus forte progression jamais enregistrée. » (*France-Info*.)

Engueuler quelqu'un comme du poisson pourri

Non, franchement, cela vous viendrait-il à l'idée de vous mettre à engueuler du poisson pourri ? C'est pourtant ce que suggère la comparaison mise en œuvre dans cette expression apparue au tout début du XXe siècle.

Duneton assigne à la locution deux acteurs qui s'accableraient l'un l'autre d'invectives et d'injures, telles les marchandes de poissons traditionnellement réputées pour avoir le verbe aussi haut que vif : « s'engueuler comme du poisson pourri ». Mais la forme la plus courante semble bien faire intervenir un « engueuleur » et un « engueulé », un attaquant et sa victime, et l'expression resserrée, qui peut paraître à la limite de l'impropriété, serait à comprendre en la déployant un peu, comme : engueuler quelqu'un avec aussi peu d'égards qu'on traiterait du poisson pourri. Interprétation qui, même si elle n'est pas tout à fait convaincante, semble néanmoins plus satisfaisante que les diverses interprétations relevées çà et là, telles « il s'agit probablement de traiter (quelqu'un) de poisson pourri » ou de l'engueuler « comme quelqu'un qui vous aurait vendu du poisson pourri » !

« Mais ça va pas, non ! Depuis quand on engueule les employés comme du poisson pourri pour un ou deux mails privés ? » (*Bébé.ch.*)

S'y **entendre** comme à ramer des choux

Encore une comparaison très familière, plus ancienne puisqu'elle se serait formée dès le XVIIe siècle, mais pas tellement plus limpide que la précédente... À moins, bien sûr, que vous ne soyez spécialiste dans l'art délicat et subtil de l'horticulture, auquel cas cette locution n'a déjà plus de secrets pour vous.

Dans cet emploi réfléchi ancien, le verbe « s'entendre à » signifie « avoir des connaissances, être habile dans un domaine », mais gratifié de cette mystérieuse comparaison verbale « à ramer des choux », le jugement « il s'y entend comme à ramer des choux » est à interpréter négativement, au sens de « il ne

comprend, il ne connaît absolument rien à quelque chose », « il est complètement nul en quelque chose » ainsi qu'on le dirait volontiers aujourd'hui.
Car les choux ne se « rament » pas, ramer, en emploi transitif, signifiant dans le registre horticole « soutenir une plante grimpante avec des petits branchages (*ramus*, en latin) qu'on plante dans la terre ».

Alors, oui, les pois se « rament », mais pas les choux, et qui se mettrait en tête de les ramer obtiendrait sans doute dans son jardin potager des résultats pas très éloignés de ceux que connurent dans le leur, chez Flaubert, Bouvard et Pécuchet.

« L'Art est l'affaire des artistes et non celle des floueurs de tout poil qui s'y entendent comme à ramer des choux. » (Entretien avec Robert Vitton, *lechasseurabstrait.com*.)

F

En **faire** un pataquès

« Un plaisant était à côté de deux dames ; tout à coup, il trouve sous sa main un éventail. — Madame, dit-il à la première, cet éventail est-il à vous ? — Il n'est point-z-à-moi, monsieur. — Est-il à vous, madame ? dit-il en le présentant à l'autre. — Il n'est pas-t-à-moi, monsieur. — Puisqu'il n'est point-z-à-vous et qu'il n'est pas-t-à-vous, ma foi, je ne sais pas-t-à-qu'est-ce ! »

Ainsi aurait vu le jour, au XVIIIe siècle, d'après l'anecdote relatée par le grammairien François Urbain Domergue, le mot « pataquès », pour désigner d'abord la faute de langage qui consiste à faire entendre un « t » final là où on devrait entendre un « z », et vice-versa, puis, plus largement, toute liaison « mal-t-à-propos », comme on dirait volontiers aujourd'hui.

Quelque séduisante et amusante qu'elle soit, cette origine attribuée à ce drôle de mot qu'est « pataquès », qui évoque des onomatopées comme « patati, patata, patatras », est sans doute totalement fausse !

Ce qui n'a pas empêché le mot de faire carrière dans la langue, passant de l'idée de confusion dans la prononciation à celle de situation incompréhensible, difficile à débrouiller. Sens qui a encore évolué depuis la fin du XXe siècle, où s'est imposée l'expression « en faire un ou tout un pataquès » pour dire « en faire toute une affaire, toute une histoire », ou encore, comme on le verra un peu plus bas, « tout un plat, tout un fromage ».

« Affaire Hortefeux : pataquès sur l'origine de la vidéo. » (*marianne2.fr.*)

ÇA ME **FAIT** UNE BELLE JAMBE !

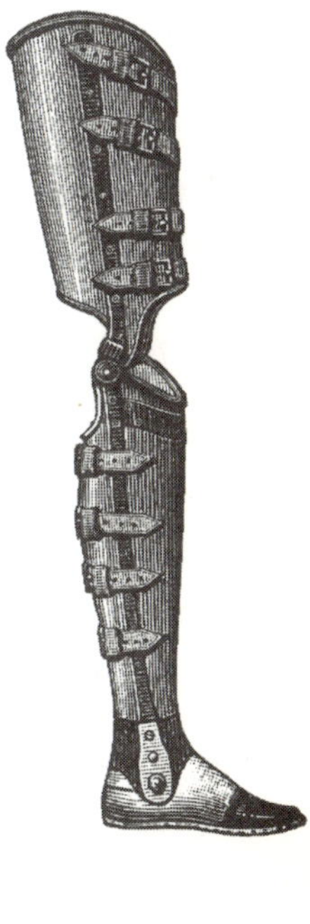

Ce n'est que la forme la plus récente d'une locution qui figure dans la langue courante depuis le XVIIe siècle. La formule d'origine, très proche de l'expression actuelle, « cela me fait la jambe belle », a cependant connu de nombreux avatars : « ça ne me fera pas la jambe plus belle », « ça me rend la jambe bien faite », « cela ne me rendra pas la jambe mieux faite », « ça me fait bien la jambe », voire, en se focalisant un peu, « ça me fait une belle cuisse ».

Toutes ces variantes sont porteuses d'une même nuance ironique, et dénoncent en filigrane la fatuité qu'il y a à faire valoir dans les salons, en société, le galbe avantageux d'un mollet, la grâce nonchalante d'une démarche, la coquetterie d'un petit pied mignon et bien chaussé... On peut cependant noter un léger glissement de sens entre les emplois anciens de la locution et l'usage qu'on en fait actuellement. En effet, il semblerait que l'idée de profit y était très présente, comme le suggère la définition de Furetière, « une chose dont on ne retirera aucun avantage », ou, selon Delvau, qui ne servira à rien. Un sens donc très proche d'une autre locution qui circulait au XVIIe siècle, mais qu'on ne connaît plus guère aujourd'hui, où la notion de profit physique est encore plus évidente : « ne pas en être plus gras ».

Aujourd'hui, l'expression « ça me fait une belle jambe ! » semble davantage transcrire un mouvement d'humeur, un rejet vis-à-vis de quelque chose qui ne nous concerne pas, ne nous atteint pas, nous indiffère.

Dans un sens analogue, on a vu, au cours de ces dernières années, s'épanouir une nouvelle expression, y compris sur les lèvres féminines les plus gracieuses : « ça m'en touche une sans déranger l'autre ». Mais là, il n'est plus question de jambes.

« Que le pouvoir change de mains, de disque, de discours... Et nous dans tout cela ? Eh bien, cela nous fait une belle jambe de bois comme la langue à laquelle on nous a tant accoutumés ! » (*L'Expression Édition on line*.)

Avoir tout **faux**

Vous avez encore en mémoire l'exclamation que Coluche lançait dans un sketch : « Ah ! t'as tout faux, là ! » pour signifier au pauvre mec apostrophé qu'il se trompait lourdement. Depuis ces mordantes années 1980, la locution s'est installée dans l'usage courant, supplantant au passage les autres expressions qui avaient cours familièrement : « tu te goures », « tu te plantes », « tu te fous le doigt dans l'œil jusqu'au coude ».

Une fois n'est pas coutume : à des termes argotiques et à une image crue (l'œil, en argot, désignant l'anus) se serait ainsi substituée la vision gentillette d'une salle de classe pourvue de son enseignant en train de procéder à la distribution des copies corrigées ! « Avoir tout faux », c'est donc s'être trompé du tout au tout, complètement, comme un mauvais élève qui n'aurait rien compris à un exercice et, en tant que tel, mériterait une sanction.

Locution rejoignant le petit lot d'expressions empruntées au registre scolaire qui jouissent d'une grande faveur depuis la fin du XXe siècle (cf. *infra* « revoir sa copie »).

« Je suis secrétaire, ce métier qui fait partie de ceux qu'on ne choisit pas, mais qui évitent le chômage. [...] De plus, je suis divorcée sans avoir fondé de famille. Je n'ai donc pas l'excuse d'avoir sacrifié une carrière pour mes enfants. Je n'ai pas non plus celle d'avoir sacrifié une famille pour une carrière, puisque j'ai un poste subalterne. J'ai tout faux. » (*Psychologies.com*.)

C'est **fin**, c'est très fin, ça se mange sans faim

Encore une citation, née à peu près à la même époque que la précédente, puisqu'elle date de la pièce de théâtre créée en 1979 par la troupe du Splendid, *Le Père Noël est une ordure*, qui se prolongea en un film réalisé par J.-M. Poiré en 1983. L'entendre ranime à l'instant dans votre mémoire l'impayable grimace de Thérèse se faisant un devoir d'avaler jusqu'à la dernière bouchée l'un des doubitchous fabriqués artisanalement par des femmes qui les roulent sous leurs aisselles, cadeau de cœur de son mélancolique voisin, M. Preskovic.

Jouant sur l'homonymie fin/faim, la formule au rythme ternaire se retient très facilement malgré sa longueur, et s'utilise couramment autour d'une table, par exemple, pour signifier avec humour et distanciation aux autres convives que, quoique l'on trouve le mets servi un peu étrange et d'un caractère indubitablement bourratif, on mettra son point d'honneur, par égard pour l'hôte ou l'hôtesse qui a mis tout son soin à le préparer, à le manger jusqu'au bout et, qui sait ? peut-être même à en reprendre !

« C'est fin, ça se mange sans faim... À votre avis, que vend cette charmante dame ? Aucune idée ? Approchez-vous et regardez d'un peu plus près... Non, vous ne rêvez pas ! Ce sont bien des vers (en réalité les chenilles de l'agave)... » (*Ptitchef.com.*)

C'EST LA **FOIRE** D'EMPOIGNE !

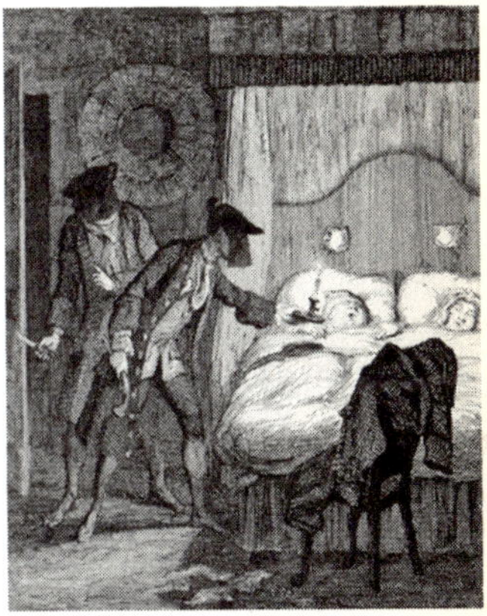

Représentez-vous le décor : la crise n'est plus qu'un mauvais souvenir... et c'est le premier jour des soldes dans les grands magasins ! Inutile de dire que, pour vous emparer des meilleures occasions, il vous faudra jouer des coudes et faire preuve d'agilité et de rapidité. « C'est la foire d'empoigne ! » vous écrierez-vous, émergeant de l'hystérie collective.

« Il a acheté cela à la foire d'empoigne », explique Littré, signifiait dans le langage populaire « il l'a volé ». Concomitamment, depuis le XVIIIe siècle, « il est de la foire d'empoigne » se disait d'un homme qui avait tendance à avoir, comme on le formulerait aujourd'hui, la main baladeuse.

C'est l'idée d'arracher vivement et de serrer dans ses poings qui s'est conservée dans l'usage actuel de l'expression, quoique notre chaud lapin et ses attouchements n'en soient pas tout à fait absents, puisque « c'est la foire d'empoigne » suppose toujours, au propre comme au figuré, un contact direct, un corps à corps, une lutte sans merci, où tous les coups sont permis.

« Foire d'empoigne chez les journalistes de la Maison-Blanche. On joue des coudes à l'Association des correspondants à la Maison-Blanche depuis qu'Helen Thomas a annoncé son départ à la retraite [...]. Dans la salle où se déroulent les conférences de presse [...], la doyenne de ce cercle journalistique occupait la meilleure place, au centre, au premier rang. » (*Courrier international.com*.)

Il n'y a pas de quoi en faire un **fromage**

Force est de constater que ce fromage continue de nous échapper. Née dans les premières décennies du XXe siècle, l'expression « en faire un fromage » semble s'être calquée sur la locution « faire un plat de quelque chose » apparue au XVIIe siècle et qui signifiait alors « rapporter quelque chose pour desservir quelqu'un ».

Littré cite également l'expression « faire trois plats » au sens de « faire beaucoup de bruit au sujet de quelque chose ».

C'est vraisemblablement du croisement des deux que serait issu au tout début du XXe siècle le sens moderne de « en faire un plat », « en faire tout un plat » : exagérer, grossir démesurément l'importance d'un fait.

Mais notre fromage, alors ? Outre son allitération séduisante à l'oreille (faire-fromage), qu'est-ce qui explique sa présence sur cette table figurée ?

Rey et Chantreau, sans s'engager plus avant, signalent comme piste l'emplacement laissé en blanc sur une affiche pour la présentation d'une vedette auquel est donné le nom de fromage blanc ou fromage.

D'autres commentateurs pensent à une filiation plus ou moins directe avec *Le Corbeau et le Renard* de La Fontaine, à cause de cette fameuse petite leçon donnée par maître Renard à maître Corbeau « qui vaut bien un fromage sans doute ».

On pourrait aussi chercher du côté des jeux enfantins où, comme l'explique Littré, les petites filles s'amusaient à « faire des fromages » en tournant sur elles-mêmes, puis en s'abaissant très vite, de façon à ce que leurs jupons soient aussi ronds et gonflés qu'un fromage.

Et encore actuellement, les enfants emploient, pour parler du joueur qui traverse l'aire du jeu, l'expression « couper le fromage ».

À moins que la métaphore ne provienne véritablement du registre fromager où, à partir du lait liquide on fait tout un fromage, soit en partant de pas grand-chose on obtient un résultat plein et tangible ?

Et lorsque le lait n'était pas en quantité suffisante (il faut environ 10 litres de lait pour 1 kilo de fromage), aurait-on dit qu'il n'y avait « pas de quoi en faire un fromage » ?

On touche là avec précision au sens actuel prêté à la locution : la chose est trop mince pour qu'on s'y arrête, la matière trop négligeable pour valoir qu'on s'en préoccupe.

En d'autres termes, inutile d'en faire toute une histoire, « y a pas mort d'homme ! » ainsi qu'on l'entend beaucoup dire depuis quelque temps.

« Procès Colonna : déjà de quoi en faire un fromage ? Si les prochaines semaines s'avèrent de la même veine que la première, il y aura de quoi faire un sacré fromage corse autour des circonstances qui ont entouré cette affaire [...], et nul doute qu'il serait bien indigeste à un grand nombre de personnes, à commencer par notre président qui pourtant clame régulièrement son amour pour les produits de l'île de beauté... » (*agoravox.fr.*)

FUMER LA MOQUETTE

« T'as fumé la moquette ? » : c'est la formule consacrée du moment, en langage de « djeun's », pour demander à quelqu'un s'il parle sérieusement, pour s'assurer qu'il ne « déconne » ni ne « délire », comme on eût dit dans la déjà antédiluvienne génération de ses parents.

L'expression est amusante, mais il ne faudrait pas que vous vous laissiez abuser par l'image cocasse qu'elle suggère, en vous figurant quelqu'un en proie au manque de tabac, ou autre plante fumatoire, qui se rabattrait, faute de mieux, sur la moquette du salon ! Car cette « moquette » n'est ici employée que comme un euphémisme du haschisch – que d'aucuns trouveront parfaitement fondé : le chanvre indien entrant aussi bien dans la composition d'un joint que dans celle d'un tapis ! La locution « fumer la moquette », qui est apparue dans la deuxième moitié du XXe siècle, au moment où se popularisait ce type de revêtement de sol, ne signifie donc rien d'autre que « fumer de la marijuana » ou, si vous voulez rester dans un registre très actuel « fumer de la beuh », et, partant, désigne le fait de ne pas être dans son état normal, d'être dans un état second.

« Question : À force de fumer la moquette, ne risque-t-on pas de mettre le feu à la maison ?

Réponse : J'ai tout fumé, alors j'ai mis du parquet flottant ! » (Questions-réponses, *Yahoo*.)

G

GARDER À QUELQU'UN UN CHIEN DE SA CHIENNE

Ce qui vous surprend toujours lorsque vous entendez cette expression, c'est le décalage entre l'amabilité de l'engagement (on dit aussi « promettre à quelqu'un un chien de sa chienne ») et le ton de rage froide sur lequel elle est généralement débitée.

Car la formule prête à confusion : « je lui garde un chien de ma chienne » ne signifie pas, dans ce cas, que, votre chienne ayant mis bas, vous lui réservez un de ses chiots, mais que vous lui gardez rancune pour ce qu'il vous a fait subir et vous jurez de tirer vengeance de lui. La locution date du XIXe siècle, et Littré la donne comme équivalente à « la garder, la garder bonne, ou en garder à quelqu'un » au sens de « conserver du ressentiment contre quelqu'un », et synonyme de « garder une dent contre quelqu'un ». Mais surtout « garder à quelqu'un un chien de sa chienne », c'est sous-entendre qu'il ne perd rien pour attendre, puisque, le moment venu, on lui infligera, ainsi que le suggère l'identité chien-chienne, un dommage qui sera exactement de la même « famille », de la même nature que celui qui a été subi.

« Le chien (de Guy Bedos) accorda sa confiance (à l'inconnu) et s'approcha. Il lui tira une balle dans le museau. Du .22 Long Rifle. À bout portant. Celui-là, je lui garde un chien de ma chienne. » (*pagillet.over-blog.com*.)

On n'a pas **gardé** les cochons ensemble !

« Ils ont gardé les cochons ensemble » s'employait autrefois, comme l'explique Littré, pour parler de deux personnes qui se manifestaient l'une à l'autre une familiarité grossière. On lui préfère aujourd'hui le tour négatif et impersonnel « on n'a pas gardé les cochons ensemble », apparu au milieu du XIXe siècle, en s'autorisant pour variantes, à la place des gorets malpropres, d'autres animaux de l'étable ou de la basse-cour : vaches, oies ou dindons.

Votre interlocuteur ne sacrifie pas aux rites sacro-saints de la politesse, il s'adresse à vous comme le ferait un ami de longue date, il vous tape dans le dos à chaque phrase ? « On n'a pas gardé les cochons (vaches, etc.) ensemble ! » lui enverrez-vous pour le rabrouer et couper court à ses marques de familiarité excessive.

Mais vous emploierez aussi la locution pour faire comprendre à quelqu'un que vous ne vous sentez vraiment rien de commun

avec lui, aucune affinité, nulle complicité, pas de parenté intellectuelle ou de parité sociale. Dans tous les cas, l'expression teintée de mépris vise à opérer une mise à distance de l'autre, en lui signifiant qu'on lui saura gré de se conformer strictement au code en vigueur entre deux personnes étrangères l'une à l'autre !

« J'ai croisé Chantal Jouanno une fois, brièvement. J'ai par contre été reçue par Jean-Louis Borloo en tant que nouvelle présidente de WWF France. Je ne les connais pas personnellement, on n'a pas gardé les vaches ensemble ! » (propos d'Isabelle Autissier, *L'Express.fr*.)

Ça **glisse** comme l'eau sur les plumes d'un canard

Encore une locution imagée mettant en scène un canard qui, contrairement à celle évoquée plus haut (cf. *supra* « ça casse pas trois pattes à un canard »), désigne bien le volatile pourvu de toutes ses plumes, lesquelles plumes jouent d'ailleurs un rôle déterminant pour la compréhension de cette comparaison.

Car le canard, en relation on ne peut plus étroite avec l'élément liquide – cf. l'expression « être trempé comme un canard » – possède, grâce à la substance graisseuse dont ses plumes sont enduites, un corps parfaitement imperméable. C'est sur cette propriété qu'est fondée la locution apparue

dans le langage familier à la fin du XXe siècle, vraisemblablement reprise de l'anglais *it glances off him like water off a duck's back*, signifiant littéralement « ça dévie de lui comme de l'eau du dos d'un canard ».

En langage métaphorique, dire de quelqu'un que « ça glisse sur lui comme l'eau (ou la flotte) sur les plumes d'un canard » signifie qu'il n'est pas « mouillé », atteint par tel ou tel événement qui lui reste totalement indifférent.

Délaissant le canard, l'expression connaît également depuis quelques courtes années un avatar technologique :

« Ça glisse sur vous comme l'eau sur une poêle Tefal », déclare Ph. Vandel à son invité. (*France-Info*.)

H

Il n'y a pas d'**heure** pour les braves !

La formule a des allures de vieil adage, mais, de fait, elle ne date que du début du XIXe siècle et provient d'une pièce de théâtre de Théodore Baudouin d'Aubigny intitulée *Les Deux Sergents*, où elle figurait sous la forme « il n'y a point d'heure pour les braves » dans la bouche de l'un des deux sergents, lorsqu'on lui annonçait que peu d'heures le séparaient du petit matin où il serait fusillé.

L'expression s'est ainsi répandue, avec sa morale de brave soldat, pour signifier que, lorsque quelque chose exige d'être fait, n'importe quel moment sera le bon.

Encore présente aujourd'hui dans le langage oral, « y a pas d'heure pour les braves ! » s'emploie plutôt désormais au second degré, dans un registre humoristique, pour suggérer que, même si l'on pense que le moment est on ne peut plus mal choisi pour faire telle ou telle chose, rendre tel ou tel service demandé, on se fait un devoir de se préparer à agir séance tenante.

« Y a pas d'heure pour les braves ! Mais pour moi, même à 7

heures, tes tours me donnent le tournis. Je vais attendre d'avoir les yeux en face des trous pour lire attentivement cette technique de la pâte feuilletée inversée. » (*La Cuisine de Mercotte*.)

C'EST L'**HÔPITAL**
QUI SE FOUT DE LA CHARITÉ

Aucun doute possible : le ton est bien celui de la moquerie, mais pour ce qui est des mots qui la composent, cette expression vous a toujours semblé contenir un secret qui vous échappait. Originaire de Lyon où elle est apparue à la fin du XIXe siècle sous la forme « l'hôpital se moque de la charité », avec le sens de « celui qui se moque d'un travers chez autrui pourrait bien être moqué lui-même pour le même travers », elle reste impénétrable si l'on attribue à « la charité » la valeur abstraite de don, aumône, amour de son prochain qu'elle a couramment aujourd'hui. Car la Charité, du nom des ordres religieux des frères ou sœurs de la Charité qui les administraient, désignait par métonymie de grands hôpitaux situés à Lyon et Paris, de telle sorte que l'expression « l'hôpital qui se fiche de la charité » n'était qu'une tautologie (l'hôpital qui se fiche de... l'hôpital) !

Au même moment, avec le même sens, on disait aussi, « c'est la poêle qui se gausse du chaudron ».

Mais l'ustensile n'étant pas tellement plus familier à des oreilles modernes que la Charité (qui continue cependant d'exister, contrairement à la version pourvue du chaudron), on a assisté vers la fin du XXe siècle à l'apparition d'une variante plus transparente – et odoriférante – piochée dans le registre culinaire, qui fait intervenir, par une prosopopée, des... fromages : « C'est le roquefort qui dit au camembert : «Tu pues» ! »

« Thierry Henry ou l'hôpital qui se fout de la charité ! Décidément Th. Henry n'a honte de rien. Comment a-t-il pu réclamer une main de façon si théâtrale contre l'Uruguay après ce qui lui est arrivé après sa double main honteuse contre l'Irlande ? » (*footagedegueule.com*.)

Envoyer chercher de l'**huile** de coude

Si on ne s'est jamais approché de vous, tandis que vous étiez là à tergiverser, rechignant à accomplir la tâche qui vous avait été confiée, pour vous donner l'ordre, toutes affaires cessantes et sur un ton qui n'admettait pas la réplique, de courir au magasin le plus proche chercher un litre, un bidon ou une fiole d'huile de coude, vous ne pouvez pas apprécier à sa juste valeur cette expression !

C'est une sorte de bizutage infligé aux enfants, aux apprentis ou aux stagiaires quelque peu indolents, puisque « l'huile

de coude », qu'on envoie quérir depuis le début du XXe siècle, tout comme, avant elle, « l'huile de bras » et « l'huile de poignet » qui avaient cours depuis le milieu du XIXe siècle, n'existe pas ! « Mets un peu d'huile de coude », « n'économise pas l'huile de coude », dit-on avec dérision à quelqu'un dont les rouages de l'énergie, de la force et de l'entrain se sont visiblement bloqués avant qu'il ne consente à entreprendre le travail qui lui est imposé.

« Où acheter de l'huile de coude ? j'ai demandé dans une droguerie. Ils m'ont ri au nez en me disant que je ne trouverais pas de ça chez eux... Mais j'en ai besoin. Help me ! » (Questions-réponses, *Yahoo*.)

I

INCONNU AU BATAILLON !

Empruntée au registre militaire, où elle constituait la réponse réglementaire donnée à l'appel du nom d'une recrue absente de la troupe, la locution s'est employée, à partir de la fin du XIXe siècle, dans la langue familière, pour désigner une personne qu'on n'a jamais vue, jamais recensée parmi ses connaissances, et dont on n'a même jamais entendu prononcer le nom.

Très courante tout au long du XXe siècle, l'exclamation continue aujourd'hui, quoique le bidasse ne fasse plus vraiment recette dans l'imaginaire des jeunes générations, à figurer dans les échanges oraux, maintien qu'elle doit sans nul doute à sa construction ramassée qui, de façon aussi humoristique que percutante, précipite en trois mots l'inconnu en question dans les limbes de l'inexistence.

« Karoutchi ? Inconnu au bataillon ! » résume un commerçant du centre de Nanterre. Le chef de file de l'UMP en Île-de-France n'évoque rien aux habitants. » (*Le Parisien*.)

Ne pas avoir **inventé** la poudre

Une belle longévité pour cette locution qui sert à qualifier un esprit quelque peu borné, puisqu'on la repère dès le XVIIe siècle, parfois sous sa forme complète « il n'a pas inventé la poudre à canon ». Par référence à l'expression, on disait aussi d'un sot pour ne pas « blesser la politesse », comme le précise Quitard, qu'« on a tiré le canon *ou* un beau feu d'artifice à sa naissance ».

La locution, peut-être à cause de l'odeur de soufre de sa « poudre », qu'on associe volontiers aujourd'hui à la drogue (« la poudre » désignant l'héroïne ou la cocaïne, en argot), poursuit encore sa belle carrière, mais connaît de sérieuses concurrentes : « ne pas avoir inventé le fil à couper le beurre », apparue au XIXe siècle, et, depuis le milieu du XXe, « ne pas avoir inventé l'eau chaude (ou tiède, ou bouillie) ». Puis, dans les dernières décennies du XXe siècle, sur ce schème modulable à l'infini, on a vu se multiplier les inventions les plus fantaisistes, dont la liste complète a été établie par Bernet et Rézeau : « ne pas avoir inventé l'eau en poudre, *ou* la machine à cambrer les bananes, *ou* la corde à tourner le vent, *ou* le marteau à bomber les glaces, *ou* la pince à friser le persil » !

« Elle n'avait pas de tête, elle n'avait pas/L'esprit beaucoup plus grand qu'un dé à coudre/Mais pour l'amour on ne demande pas/Aux filles d'avoir inventé la poudre. » (*Une jolie fleur*, Georges Brassens.)

J

Jeter le bébé avec l'eau du bain

Avez-vous déjà fait l'expérience de donner le bain à un bébé ? C'est extraordinairement difficile à manier, un bébé ! C'est tout d'une pièce et en même temps ça gigote de tous ses membres, ça a l'air d'être tenu ferme par vos mains qui le savonnent et déjà ça glisse et vous échappe ! C'est de ce côté aussi imprévisible qu'encombrant que rendent compte des expressions récentes telles que « refiler le bébé à quelqu'un », « il a hérité du bébé », où ledit nourrisson incarne un problème difficile, une affaire embarrassante dont on se décharge volontiers sur autrui.

Revenons dans notre baignoire. L'expression, apparue vers le milieu du XXe siècle, sans doute calquée sur l'anglais *to throw out the baby with the bath water* qui l'aurait lui-même copiée de l'allemand *das Kind mit dem Bad ausschütten*, est souvent déclinée dans les conversations sur le mode du conseil, de l'avis empreint de sagesse : « il ne faudrait pas jeter le bébé avec l'eau du bain ». Le bain fini, on se débarrasse de l'eau sale, mais le bébé humide nous glisse des mains et suit le même chemin que l'eau : en voulant éliminer ce qui est devenu inutile, accessoire, on doit prendre garde à ne pas perdre du même coup l'essentiel, le principal.

« L'échec leur fait perdre l'estime d'eux-mêmes et la tentation est alors grande de tout laisser tomber, de jeter le bébé avec l'eau du bain ! » (*création-entreprise.ch.*)

Jeter le manche après la cognée

C'est l'une des plus anciennes expressions répertoriées dans ce dictionnaire phraséologique, puisqu'elle remonterait au XIVe siècle. Mais, si elle continue de nous être accessible par l'image qu'elle délivre, il semblerait qu'on en ait perdu la lettre.

La « cognée » – qu'on a tendance à interpréter aujourd'hui de façon erronée comme le fait de cogner, d'abattre les arbres ! – désignait une grosse hache dont on se servait autrefois pour abattre les arbres, fendre le bois ou, quand c'était nécessaire, enfoncer les portes.

Rabelais, qui fait mention de l'expression dans le prologue du Quart Livre de son *Pantagruel*, affirme que, sans sa cognée, le bûcheron est condamné à mourir de faim, et Littré cite l'expression « aller au bois sans cognée », au sens de « entreprendre quelque chose sans avoir ce qui est indispensable pour réussir ». Par métonymie, « cognée » désigne ici le fer de la hache, à savoir la pièce maîtresse de l'outil, qui, vient-elle à tomber à l'eau ou à se perdre (ainsi qu'il arrive à Couillatris, le bûcheron de Rabelais), laisse le travailleur tout penaud, gardant, entre les mains, un manche qui ne manie plus rien. Jeter le manche (qui pourrait encore servir) transcrit alors le découragement, le dégoût ressentis à la perte de la cognée. Tel est donc le sens de l'expression : renoncer, par désespoir, à quelque chose qu'on pourrait encore essayer de sauver et s'en détourner.

« Après la victoire étriquée, mais précieuse arrachée par l'Étoile sportive du Sahel, l'équipe du Raja ne jette pas le manche après la cognée en dépit de la délicatesse de la mission. » (*Infosdumaroc.*)

N'en **jetez** plus, la cour est pleine !

Que votre interlocuteur vous accable des pires reproches ou vous couvre des plus onctueux compliments : « N'en jetez plus, la cour est pleine ! » finissez-vous par lui lancer, excédé, pour couper court au flux de sa logorrhée.

Mais de quelle cour peut-il bien s'agir ?

Faut-il, avec Cellard, supposer qu'il est question, dans cette locution de la fin du XIXe siècle, des cours d'immeubles qui, jusque dans les années 1940, offrirent une scène aux musiciens et chanteurs de rues, sur lesquels venaient pleuvoir, à proportion de leur talent, pièces de monnaie ou ordures ménagères ?

Ou s'agit-il du côté cour de la scène de théâtre qui se remplissait au cours du spectacle, en fonction de l'appréciation du public, de fleurs ou de pommes pourries ?

« Douze sorties cinéma, aujourd'hui mercredi. N'en jetez plus ! » (« Laissez-vous tenter », *RTL*, 09-06-2010).

Tout au plus pourra-t-on noter avec certitude que c'est le premier membre de la locution qui porte l'idée de ras-le-bol inhérent à la locution : « n'en jetez plus ! », *id est* ça suffit !, « ça suffat comme ci ! » comme on dit ludiquement, la mention de la cour n'étant pas indispensable ou pouvant être à l'occasion remplacée par un autre contenant : cf., due à Courteline, « n'en jetez plus, la *corbeille* est pleine ! », ou encore :

« Marine Le Pen, sur l'équipe de France : n'en jetez plus, la *coupe* est pleine ! » (*Lepost.fr*.)

Jouer la fille de l'air

On est ici dans le registre du théâtre, puisque l'expression serait née dans le sillage d'une pièce de Cogniard et Raymond créée à Paris en 1836, *Les Filles de l'air*, sorte de féerie comique où les deux héroïnes, à la fin de la pièce, telles d'aériennes sylphides, s'élevant de la scène, s'évanouissaient purement et simplement de la vue des spectateurs. De là, la nuance de départ à la fois subit, furtif et plaisant qui reste attachée à cette expression dans ses emplois actuels.

« Élodie Frégé joue la fille de l'air. [...] Son nouvel album se fait attendre : annoncé pour fin mai, il est finalement repoussé au 4 octobre, pour cause de Mondial de football ! » (*Free musique*.)

Au **jour** d'aujourd'hui

L'expression est devenue inévitable dans la bouche des femmes et des hommes politiques, dans la bouche des journalistes, dans la bouche de l'institutrice de vos enfants et dans celle de vos meilleurs amis. Toutes situations langagières confondues : lorsque l'on se contrôle et que l'on s'applique à bien parler, ou dans un contexte plus familier, lorsqu'on se relâche, pardon, lorsqu'on « se lâche », faudrait-il dire pour rester dans le registre des modismes épidémiques.

Sous ses allures lourdes et répétitives, l'expression révèle, à un examen plus poussé, une succession de poupées russes emboîtées l'une dans l'autre. En effet, l'adverbe « aujourd'hui » réunissant, depuis le XIIe siècle, plusieurs éléments : « au jour », « d' », et « hui » issu du latin ho-die, ablatif de temps signifiant « en ce jour » (que l'on retrouve dans l'italien oggi et l'espagnol hoy), équivaut littéralement à « au jour de ce jour », formule déjà quelque peu redondante.

En ajoutant encore « au jour d' » devant « aujourd'hui », on charge donc l'expression d'un degré supplémentaire dans la répétition, puisque cela revient à dire – si vous suivez toujours – « au jour du jour de ce jour » !

L'expression n'est pas neuve puisqu'on la relève déjà couramment sous la plume d'écrivains des XIXe et XXe siècles, qui l'utilisent pour marquer un langage populaire, et on sait que Littré condamnait déjà « le jour d'aujourd'hui » comme un « pléonasme fort peu recommandable ».

Neuve, en revanche, semble la généralisation de son emploi dans le français courant, où la locution semble en passe de supplanter « aujourd'hui » et « de nos jours ».

Et l'on ne peut s'empêcher d'imaginer ce que risquera bientôt de devenir « le vierge, le vivace et le bel aujourd'hui » de Mallarmé...

On pourra invoquer, pour expliquer sa propagation fulgurante au cours de ces dernières années, le phénomène de l'hypercorrection (l'expression, étant entendue dans des contextes dits « sérieux » comme la politique ou l'information, est ressentie comme meilleure, plus correcte et spontanément préférée par les locuteurs).

Mais la raison du succès de cette forme surcomposée ne serait-elle pas plutôt de nature prosodique ? Parce qu'il est plus long, parce qu'il occupe un plus grand espace de parole, « au jour d'aujourd'hui » nécessite une pause orale plus forte à la virgule et, du même coup, confère une assise plus solide et davantage de poids et de relief au propos qui va être énoncé juste après !

« Quel est le taux du smic au jour d'aujourd'hui ? Nos experts vous répondent. » (*experts-univers.com*.)

K

Passer au **KARCHER**

Il y a un avant et un après l'année 2005 dans l'utilisation de cette expression.

Avant, « passer quelque chose au Kärcher » signifiait le laver au moyen d'un nettoyeur à haute pression baptisé « un Kärcher », du nom de l'entreprise allemande, fondée en 1935 par Alfred Kärcher, qui commercialise cet appareil. À l'instar de frigidaire, sopalin ou kleenex quelques décennies plus tôt, la marque déposée « Kärcher » fut bientôt si parfaitement identifiée à la chose qu'elle désignait que n'importe quel appareil de nettoyage se vit gratifié du nom de « kärcher », ou plutôt « karcher », sous sa forme francisée.

Mais, en 2005, Nicolas Sarkozy, alors ministre de l'Intérieur, déclara à La Courneuve, à la suite de la mort d'un enfant de onze ans : « On va nettoyer la cité des 4000 au karcher. » À partir de là, on assista à un tel déferlement de choses qui devaient de toute urgence être « passées au karcher » puisque c'est sous cette forme que s'est fixée la locution : la Finance, les banques,

le cyclisme, les dossiers judiciaires, etc., avec le sens d'« être nettoyées de fond en comble », non sans une nuance d'assainissement moral qui tire l'expression vers un signifié aux relents quelque peu nauséabonds.

Et le fait que « karcher » et, forgé à partir du nom, le verbe « karchériser » (nettoyer au karcher) offrent une fâcheuse paronomase avec « kascher, kascheriser » qui désigne la nourriture conforme à la loi hébraïque, cela ne contribue pas à adoucir le trait...

La société Kärcher elle-même s'en serait émue et, après plusieurs mises en garde contre l'utilisation abusive de son nom, serait allée, d'après *Le Canard enchaîné* (10-02-2010), jusqu'à suspendre son sponsoring aux journées du patrimoine et rétracter son offre gracieuse de nettoyage de la façade du palais de Chaillot ! Des représailles bien inutiles, puisque personne n'a jamais réussi à contrôler autoritairement l'essor d'une expression...

« Nicolas Sarkozy a annoncé que, dès l'automne, des changements seraient à prévoir au sein du gouvernement. Allez hop ! tout le monde au karcher ! » (*France Inter*.)

L

Les **lâcher** avec des élastiques

Voilà une expression que n'eût pas désavouée l'Harpagon de Molière ! Car cette image cocasse sert à qualifier quelqu'un de chiche, avare, radin, mesquin.

Le verbe « lâcher », employé absolument, signifie déjà, dans l'argot du XIXe siècle, donner de l'argent, dépenser à contrecœur. Son complément d'objet est suffisamment transparent pour n'avoir pas besoin d'être explicité, le pronom « les » contribuant ici, par son imprécision, à servir d'autant mieux la métaphore. Quant à ces élastiques, ou cet élastique unique (on dit aussi : « les lâcher avec un élastique »), qui sont venus prolonger la formule au début du XXe siècle, ils transcrivent de façon très convaincante la réticence de notre radin à la dépense, puisque chaque billet relié à un élastique, une fois lâché en direction de son destinataire, ne pourra faire autrement, en vertu des propriétés d'allongement et de rétraction inhérentes audit élastique, que revenir à son émetteur !

« Ils s'évaporent peu à peu des dictionnaires usuels [...] les mots un peu vieillots, que nous lisions parfois dans les ouvrages de notre enfance. Comme [...] « fesse-mathieu » : avare, ladre, qui les lâche avec un élastique. » (Carabistouilles, *pagesperso-orange.fr*.)

Y A PAS DE **LÉZARD** !

Si vous cherchez à expliquer cette locution en l'associant au petit animal immobile au soleil, qui suggère indolence et farniente, vous faites fausse route. De même que si vous la rattachez, comme le font certains commentateurs, à une probable « lézarde » : faille, fissure, fente qui viendrait craqueler dangereusement une surface unie. De fait, ce « lézard » est apparu vers la fin des années 1970 pour désigner, dans l'argot des musiciens, un son parasite sur une bande rendant nécessaire une nouvelle prise. S'il n'« y a pas de lézard » sur la bande, c'est donc que la première prise sera la bonne, tout va pour le mieux.

Une exclamation qui vous semble caractéristique de ce début de siècle, où la propension à s'assurer, à toute heure de la journée, sitôt qu'on croise quelqu'un ou qu'on communique par téléphone portable ou ordinateur interposés, qu'il n'y a pas de problème, que tout va très bien, s'est considérablement accrue. Petite ombre d'angoisse viscérale qu'on dissimule volontiers sous le trait un peu forcé de formules orales enjouées et qui jouent avec le langage : « y a pas de léz' » (apocope), « y a pas de blème » (aphérèse), « no problemo », qui n'existe dans aucune autre langue connue que celle du dessin animé des Simpson, ou encore, forme de franglais-yaourt très prisée ces temps derniers, « no souçaï ».

« Je m'précipite sur le clavier/Les doigts suivent pas à pas ah ah houla houla lala/J'comprends pas j'y arrive pas/Et puis i s'fait tard j'ai mon rencard/J'sors d'mon placard/Avec Mozart, y a pas de lézard, lézard/Avec Mozart, y a pas de lézard (bis). » (Chanson de Jean-Marc Perdon, *bide-et-musique.com*.)

C'est du **lourd** !

Rien à voir avec la formule rebattue du XXe siècle : « il est lourd, lui ! » (« relou » en verlan et « lourd de chez lourd » en version superlative), où l'adjectif « lourd », continuant le sens qu'il a depuis le XIIe siècle, servait à caractériser un individu grossier, sans finesse ni intelligence.

Car « c'est du lourd ! », exclamation née avec le siècle, est au contraire de nature appréciative et se doit d'être proférée sur un ton admiratif. Elle ne se verlanise pas et se lance comme un compliment, pour suggérer qu'elle fait allusion à une chose de poids, d'importance, au nec plus ultra. Sa fonction est d'attirer l'attention de l'interlocuteur sur ce qu'on est en train de lui dire, ou qu'on se prépare à lui dire, afin de s'assurer qu'il prenne bien l'exacte mesure de l'énoncé qui lui est délivré.

« «Que du lourd !» s'écrie le journaliste chargé de présenter *Shutter Island*, le nouveau film de Martin Scorsese, avec Leonardo DiCaprio, Mark Ruffalo et Ben Kingsley. » (*France Inter.*)

Lundi, c'est raviolis

Encore une locution référentielle née vers la fin du XXe siècle qui a pour mérite premier d'avoir rafraîchi le stock d'expressions familières associées au lundi, qui se limitait jusqu'alors au récurrent et résigné « Comme un lundi ! » que vos collègues se croient en devoir de vous répondre lorsque vous leur demandez innocemment, au retour du week-end : « Ça va ? »

Apparue sous la forme « c'est lundi, c'est raviolis ! » dans le film d'E. Chatiliez *La vie est un long fleuve tranquille*, sorti sur les écrans en 1988, où elle rendait compte des habitudes alimentaires routinières de la famille bourgeoise des Lequesnoy, en contraste absolu avec celles des prolétaires Groseille qui mangent n'importe quoi à n'importe quel moment, elle n'a cessé depuis lors d'être employée et continue aujourd'hui encore d'être en usage, même auprès de jeunes générations qui ne connaissent pas forcément le film.

Désormais, la locution « lundi, c'est raviolis ! », qui peut s'utiliser n'importe quel jour, et en l'absence de tous raviolis, s'emploie pour signifier que la nourriture qu'on est en train de consommer est peu appétissante et peu variée.

Voire, loin de tout contexte culinaire, pour suggérer quelque chose de répétitif, sempiternel, dont on est quelque peu lassé.

« Le lundi, c'est raviolis et le mardi, c'est *Nouvelle Star*... Hier soir, *Nouvelle Star*, c'était l'événement à ne pas louper, LE rendez-vous incontournable qu'on attendait toutes depuis des mois. » (*les2culottées.blogspot.com*.)

M

Avoir des **mains** de beurre

Votre grand-mère ou votre grand-tante vous le répètent depuis que vous êtes enfant : « Toi, tu as des mains de beurre ! » Et, comme pour leur donner raison, le vase en cristal que vous teniez fermement, le plat à gratin que vous apportiez à table, soudain dotés d'une vie propre, s'échappent et tombent à terre.

On ne peut que regretter que cette locution, qui existe depuis la fin du XVIIe siècle, ne se répande plus guère parmi les jeunes générations, tant l'image qu'elle délivre est pertinente : à la personne maladroite qui a tendance à laisser glisser tout ce qu'elle a en main, on attribue « des mains de beurre », ainsi que le dit Gervaise de Nana, dans *L'Assommoir* de Zola, non sans une pointe d'envie pour la fille de madame Boche, Pauline, si adroite de ses mains qu'elle s'apprête à faire carrière dans un atelier de reperceuses sur or et sur argent...

« Voilà, depuis quelque temps, je peux plus rien tenir ! La gravité veut que tout tombe et comme j'ai un bidon énorme, ben dur dur de ramasser ! Suis-je la seule à avoir des mains de beurre ? » (Forum grossesse, *Doctissimo*.)

ÇA **MANGE** PAS DE PAIN !

Une locution familière dont Oudin faisait déjà mention, en 1640, sous la forme affirmative : « cela mange bien du pain », avec le sens de « cela couste beaucoup, cela importe beaucoup, cause beaucoup de despense ».

C'est vers la fin du XVIIe siècle qu'elle se fixe au tour négatif : « cela ne mange point de pain » qui se dit, selon Furetière, « des papiers et autres choses inutiles qu'on garde ».

En filigrane, vous voyez se profiler le solide bon sens des Anciens : du moment que cela ne fait pas une bouche de plus à nourrir... pourquoi pas ?

Et c'est à ce sens que vous employez encore l'expression aujourd'hui, usant de cet argument pour justifier devant autrui un geste, une précaution qui peuvent paraître superfétatoires, gratuits, mais qui pourraient bien se révéler « payants » dans l'avenir. « Ça mange pas de pain » vous sert donc de façon économique à dire tout cela : puisque ça ne coûte rien, on aurait tort de s'en priver, ça peut toujours servir !

« Bernard Kouchner, le de plus en plus évanescent ministre des Affaires étrangères, vient de se déclarer favorable à la création séance tenante d'un État palestinien. [...] Évidemment, ce genre de prise de position ne mange pas de pain ! » (*Lepost.fr*.)

JE NE **MANGE** PAS DE CE PAIN-LÀ !

Comme dans la locution précédente, observez-vous, il est encore ici question de pain qu'on ne mange pas...

Employée généralement à la première personne (« je ne mange pas, nous ne mangeons pas de ce pain-là ! »), l'expression, depuis son apparition dans la deuxième moitié du XIXe siècle, sert à manifester qu'on se désolidarise d'un groupe dont on ne partage pas les valeurs, qu'on ne saurait cautionner une opinion, une pratique jugées suspectes, qu'on se refuse à bénéficier de tout avantage de quelque nature qu'il soit (faveur, pot-de-vin, bakchich...) s'il faut en contrepartie passer par-dessus ses principes et ses convictions.

C'est le cri du cœur de la moralité outragée, de l'honneur offusqué : pour qui me prenez-vous ?

Aussi, pour camper toute la noblesse qu'il y a dans ce rejet sans appel des compromissions, ne s'étonnera-t-on pas que le « ne » soit toujours présent dans le jaillissement oral de cette expression familière, même à l'état d'élision, « je n'mange pas de ce pain-là, moi, monsieur ! »

« Nicole Kidman ne mange pas de ce pain-là... pour l'instant ! Le *Sydney Morning Herald*, quotidien australien, rapporte que Nicole Kidman et son mari Keith Urban ont refusé, pour l'instant, plusieurs millions de dollars pour une séance photo avec leur petite fille Sunday Rose, née le 7 juillet dernier. » (*hellocoton.fr*.)

J'EN **MANGERAIS** SUR LA TÊTE D'UN TEIGNEUX !

« J'en mangerais sur la tête d'un teigneux *ou* d'un galeux » : l'image peu ragoûtante provient d'un temps où gale et teigne étaient monnaie courante.

On a oublié aujourd'hui qu'elles désignaient, respectivement, une affection cutanée due à la présence d'un parasite, et une invasion du cuir chevelu par des champignons microscopiques

Mais vous évaluez encore toute l'acuité des démangeaisons qu'elles devaient l'une et l'autre provoquer par le biais d'expressions restées aujourd'hui courantes, comme « c'est une teigne » pour parler de quelqu'un de très méchant, ou, toujours au figuré, « la brebis galeuse » qu'on isole du groupe et dont on évite le contact.

L'expression, sur la datation de laquelle on n'a pas de données exactes, délivre encore aujourd'hui une image d'une force à peine tempérée par le mode conditionnel du verbe qui rejette l'action dans l'irréel : « j'en mangerais ».

Une hyperbole servant à transcrire qu'on est prêt à tout pour sacrifier au goût très vif qu'on a pour un plat, pour assouvir la passion qui nous anime pour un mets particulier.

La locution circule depuis peu sous une forme modernisée : « j'en mangerais sur la tête d'un pouilleux ».

« Franchement (ces beignets), j'en mangerais sur la tête d'un galeux, et je ne suis pas la seule ! Joris (mon n° 2) en a mangé quatre au goûter ! » (*cojocanoetcie.canalblog.com*.)

Manger de la vache enragée

Vous avez remarqué que l'expression s'emploie de préférence au passé, pour évoquer le souvenir d'une période de vie peu faste heureusement achevée. C'était déjà le cas aux origines de l'expression, au début du XVIIe siècle, où « avoir mangé de la vache enragée » signifiait, explique Oudin, « avoir expérimenté la fatigue, s'estre trouvé dans les dangers de la guerre », et, complète Furetière un peu plus tard, revenait à dire qu'« on a bien souffert de la disette et la fatigue, on a beaucoup pâti, on a appris à travailler, à être sage ».

La locution se révélait donc porteuse d'un enseignement empirique qui permettait de se guider dans la conduite de sa vie ultérieure.

Doit-on supposer pour éclairer cette locution, comme le suggère Littré, que dans cette passe difficile où l'on a pour seules compagnes misère et disette, la vache « enragée », de peu de prix parce que provenant de bêtes malades qu'on avait dû abattre, était la seule nourriture dont on pût se rassasier ? Ou alors, de même qu'on disait « une vie enragée », « un travail enragé » au sens de difficiles, l'adjectif « enragé » appliqué à la vache, la viande, qu'on mangeait servirait-il à transcrire la difficulté avec laquelle on se procurait cette pauvre pitance quotidienne ? L'idée, en tout cas, d'une viande mauvaise, provenant d'une bête contaminée, s'est trouvée réactivée au début du XXIe siècle, avec l'explosion de la maladie de Creutzfeldt-Jakob, dite de « la vache folle ».

« J'ai reçu 32 disques d'or et vendu plus de 10 millions d'albums dans le monde. Mais j'ai mangé pas mal de viande enragée. » (Interview de Frank Michael, *cinetelerevue.be*.)

La **mariée** est trop belle !

Pas de problème d'interprétation si vous entendez cette exclamation lâchée par un invité admiratif devant la pièce montée que la jeune épousée est en train de découper... En l'absence de cérémonie et de dragées, en revanche, vous êtes pleinement légitimé à vous demander ce que l'expression peut bien vouloir dire.

Apparues en même temps, au XVIIe siècle, et encore l'une et l'autre usuelles au XIXe, comme l'établit Littré, deux expressions se disputent la beauté de cette mariée. D'une part, la locution « se plaindre que la mariée est trop belle » qui signifiait « se plaindre d'une chose dont on devrait se féliciter » parce qu'elle est de nature agréable, satisfaisante, enviable. Et, d'autre part, sans verbe introducteur, « la mariée est trop belle », une mariée trompeuse, jugée trop belle pour être vraie, puisque l'expression s'employait « quand on se défie d'une affaire où trop d'avantages sont proposés ».

Fidèle au sens de la première et à la forme de la seconde, l'expression se ponctue aujourd'hui d'un point d'exclamation, servant à transcrire le léger mouvement d'indignation que vous inspire quelqu'un de comblé qui boude son bonheur et a l'indécence de se répandre devant vous en jérémiades et lamentations.

« Méfiance si la mariée est trop belle ! [...] Une nouvelle race de petits malins sévit sur eBay. Ils proposent des tours (d'ordinateurs) dernier cri à des prix défiant toute concurrence. Leur profil est positif à 100 %, mais en grattant un peu, on s'aperçoit que ce profil est bidon. » (*avis-membres.ebay.fr.*)

Faut pas pousser **mémère** dans les orties !

Si vous deviez n'en garder qu'une, celle qui symboliserait le mieux à vos yeux toute la cocasserie et la verve de l'imagerie populaire, nul doute que votre choix se porterait sur cette expression !

Elle ne peut se revendiquer d'une naissance très ancienne, vraisemblablement pas au-delà des années 1930, puisque les dictionnaires qui répertorient les expressions familières et argotiques en circulation au moment de la Grande Guerre n'en font pas état, alors qu'ils mentionnent d'autres figures de l'exagération à connotation horticole, comme « faut pas charrier dans les bégonias *ou* les géraniums » (cf. *supra*).

Car, pour le sens, on n'a aucun doute : il s'agit de rappeler à l'ordre et à la mesure quelqu'un qui dépasse les bornes, qui exagère et abuse. Pour la forme, l'expression semble tenir dans le va-et-vient incessant entre le concret et l'abstrait, le littéral et le métaphorique. En effet, « faut pas pousser », c'est, physiquement, bousculer, faire chanceler quelqu'un, mais aussi le « pousser à bout », expression déjà courante chez Corneille et Racine au sens de l'exaspérer, l'acculer dans ses derniers retranchements. Avec l'ajout de la « grand-mère » (qui semble la forme la plus ancienne, peut-être contaminée par sa contemporaine « je te demande pas si ta grand-mère fait du vélo ! », cf. *supra*) qui se muera en « mémère », « mémé » ou même « mamie », on réalise le sens premier du verbe, et, en la précipitant « dans les orties », plantes hautement urticantes, on provoque son mécontentement, son exaspération.

Et l'aventure ne s'arrête pas là, puisque, décidément fertile en prolongements, l'expression, comme ces jeux de langage qui n'en finissent pas de juxtaposer l'un à l'autre des éléments (selle de cheval-cheval de course-course à pied, etc.), nous a été attestée sous la forme : « Faut pas pousser grand-mère dans les orties, sous prétexte qu'elle aime la nature, surtout qu'à cause de la chaleur, elle ne porte pas de culotte » qui peut être plus modestement résumée en « faut pas pousser mémère dans les orties, surtout quand elle n'a pas de culotte » !

« «Faut pas pousser mémé dans les orties !» scandaient les manifestants lors de la représentation de théâtre de rue, pour manifester que, d'une part, les arguments des promoteurs de l'euthanasie sont fondés sur l'exagération et que, d'autre part, l'euthanasie légale pourrait exclure de la société des personnes très âgées, très dépendantes ou très malades, mais surtout très coûteuses... » (*zoom43.fr.*)

C'est pas la **mer** à boire !

« C'est la mer à boire » disait-on au XVIIe siècle pour parler d'une entreprise longue et difficile dont on n'était pas sûr de voir un jour le bout, comme en atteste son emploi par La Fontaine dans la fable *Les Deux Chiens et l'Âne mort*. Décrocher la lune, trouver un merle blanc, résoudre la quadrature du cercle : les expressions figurant l'impossibilité, la tâche vouée à l'échec, ne manquent pas en français moderne, mais « la mer à boire » ne s'est pas maintenue jusqu'à aujourd'hui à ce sens.

Dès le XVIIIe siècle, en effet, c'est le tour négatif qui a commencé de l'emporter, « ce n'est pas la mer à boire », et c'est le seul qui soit resté vivant aujourd'hui, souvent dépourvu de son premier membre dans le langage oral (« c'est pas... »), et avec le sens de « ça n'a rien d'impossible ! c'est tout de même pas compliqué ! »

Selon Quitard, la locution prendrait sa source dans une histoire antique relatée par Plutarque : le roi d'Éthiopie ayant mis au défi Amasis, le roi d'Égypte, de boire la mer pour se voir offrir un vaste territoire, celui-ci, sur le conseil du philosophe grec Bias, lui aurait répondu qu'il le ferait sitôt que le roi éthiopien en aurait détourné tous les fleuves qui s'y jetaient...

On ne résistera pas, en conclusion, au plaisir de citer l'amplification burlesque donnée à la locution, en se fondant sur l'homonymie mer/mère : « c'est pas la mer à boire... mais la belle-mère à avaler ! »

« Élections européennes : allez voter ! Ce n'est pas la mer à boire ! » (*20minutes.fr.*)

Mettre les petits plats dans les grands

C'est ce que vous faites lorsque vous tenez à honorer particulièrement un invité, en lui préparant, sans regarder à la dépense, un repas raffiné servi sur une table qui ne l'est pas moins. Mais comment l'image de petits plats disposés dans des grands a-t-elle pu en arriver à distiller ce sens ?

Le cheminement est d'autant plus énigmatique que la plupart des dictionnaires donnent comme ancêtre de cette expression apparue au début du XIXe siècle la locution relevée au XVIIe siècle par Oudin « mettre les petits pots dans les grands » au sens de « arranger toute chose pour un déménagement ». Faut-il, comme le fait Cellard, qui qualifie l'expression de « peu logique » (« si l'on ne met dans les grands plats que des petits plats, la chère est médiocre » explique-t-il), proposer comme maillon manquant une autre expression qui avait cours aux XVIIe-XVIIIe siècles « mettre les petits plats avant les grands » pour donner l'idée d'une longue succession de plats composant un repas fastueux ? Pourquoi ne pas supposer tout simplement que, en imitant la structure de la phrase de sa devancière « mettre les petits pots dans les grands », notre locution conserve ainsi l'idée d'organisation harmonieuse qui présidait au déménagement, et, en substituant aux « petits pots » (déjà de sens culinaire, puisque le mot servait à désigner une marmite) des « petits plats », impose l'idée de mets délicieux par un jeu sur la valeur majorative que peut avoir en français l'adjectif « petit » (cf. « un petit vin, vous m'en direz des nouvelles ! », « elle nous mitonne des petits plats ») ?

« Cannes met les petits plats dans les grands. J-1 avant le lancement du 63e Festival de Cannes. Partout dans la ville, on peaufine tous les détails en attendant l'arrivée des stars. » (*Métro*.)

Mettre la viande dans le torchon

« J'suis crevée, je vais mettre la viande dans le torchon », annonçait en s'étirant Mme Groseille, dans le film déjà évoqué plus haut *La vie est un long fleuve tranquille* – réplique qui n'a pas peu contribué à l'expansion de la formule dans le langage oral.

La viande, en argot, désigne le corps humain, et, par métonymie, l'individu lui-même pris dans toute sa réalité carnée – « ramène ta viande ! » ne signifiant donc rien de plus que « viens ! » –, et « torchon » n'est autre que le drap du lit, mentionné aussi sous la forme « les toiles » (« mettre la viande dans les toiles »).

Duneton relève, dans la deuxième moitié du XIXe siècle, « rouler sa viande dans le torchon » au sens d'« aller se coucher », qui laissera place, au XXe siècle, à la forme très proche, mais dépourvue de possessif, de notre expression : « mettre la viande dans le torchon ».

Une version récente pousse plus loin encore la délicatesse de l'image : « mettre le lard au saloir » ! Mais rien ne vous empêche de leur préférer une annonce nettement plus poétique : « je vais rejoindre les bras de Morphée », « j'ai rendez-vous avec Morphée » (Morphée étant, dans la mythologie gréco-latine, l'un des mille enfants d'Hypnos, le dieu du Sommeil)...

« J'va mettre la viande dans le torchon... parce que je suis fatiguée. On est quand même sortis samedi soir, repas chez un pote dimanche midi, ciné et rebouffe le soir chez le pote, lundi midi parents et lundi soir copain à Boulogne, on est rentrés dans la nuit. » (Forum grossesse, *Doctissimo*.)

NE PAS SE **METTRE** MARTEL EN TÊTE

Renoncez à l'espoir de rencontrer un jour le « martel » dans une autre phrase, puisque ce mot ancien ne subsiste en français que dans cette locution. Emprunté à l'italien martello, il entre, dès le XVIe siècle, dans la composition d'expressions figurées « donner martel », « avoir martel », « mettre martel en tête », servant à transcrire le souci, l'inquiétude qui taraudent, par l'image du mouvement répété, lancinant, d'un marteau assené sur la cervelle.

La forme « se mettre martel en tête », apparue au XVIIIe siècle, semble être devenue aujourd'hui beaucoup moins courante que sa négation, souvent employée à l'impératif transcrivant un conseil, une exhortation : « Ne te mets pas martel en tête ! » C'est le seul cas où le marteau symbolise le souci, les coups frappés par ledit outil semblant plus spontanément aujourd'hui associés à l'idée de dérèglement, de folie, comme dans l'expression datée du XIXe siècle « être marteau ».

« Il ne faut pas que je me mette trop martel en tête. Aller de l'avant, à son rythme, quel qu'il soit, c'est, je pense, la meilleure solution, et surtout ne jamais, jamais, jamais se presser. » (*zelink.com.*)

Te **mets** pas la rate au court-bouillon !

Tel est le conseil que vous donnerez à quelqu'un qui vous semblera s'inquiéter outre mesure, se faire du mauvais sang pour quelque chose. Ce lien étroit, qui continue d'exister dans la langue entre souci et rate, provient de l'ancienne médecine qui faisait de cet organe le siège de la bile noire, ou « atrabile », dont on supposait que les vapeurs, en montant au cerveau, causaient l'humeur mélancolique.

D'où le rôle important qui lui était attribué dans les émotions, ainsi qu'en attestent plusieurs locutions populaires : « décharger sa rate » pour « laisser éclater sa colère », « se dilater *ou* s'épanouir la rate » pour dire « bien rigoler », et « ne pas se fouler la rate » pour « faire preuve de très peu d'enthousiasme, d'ardeur ».

Quant à l'image culinaire apparue vers le milieu du XXe siècle, que le roman de San Antonio paru en 1965, *La Rate au court-bouillon,* a sans doute contribué à rendre populaire, elle semble assimiler comiquement la rate à un petit poisson qu'on ferait cuire à feu très doux, le « court-bouillon », composé d'eau, de vin blanc et d'aromates, qu'on laisse refroidir avant d'y mettre à cuire tout doucement son poisson, ayant vraisemblablement été choisi ici parce qu'il incarne un mode de cuisson long et lent, aussi long et lent que la douleur lancinante du souci...

« Prenez un souci. Choisissez-le frais et pas trop gros : on ne se met pas la rate au court-bouillon pour les gros ennuis, seulement pour les petits [...]. Épluchez le souci de tous les côtés. Ne pensez qu'à ça, ne parlez que de ça, ramenez tout à ça. Réchauffez le bouillon de vos soucis précédents, on en a toujours en réserve. Faites bouillir lentement par un bel après-midi, concentrez-vous dessus. Plongez-y votre souci frais. Il augmentera ainsi le volume de votre bouillon et gonflera en quelques instants. Votre rate au court-bouillon est prête, elle gâchera harmonieusement votre soirée. » (*le-chaudron-de-crapotte.over-blog.com*.)

Minute, papillon !

Nul besoin d'être un spécialiste patenté des gracieux petits lépidoptères pour saisir le sens de l'exclamation : « Attendez ! un instant ! pas si vite ! »

Apparue vers le début du XXe siècle, la locution s'emploie pour stopper un mouvement jugé trop rapide, quelque chose qui s'emballe, et tout particulièrement pour interrompre net le raisonnement, la pensée d'un interlocuteur, dont vous ne parvenez plus à suivre la course, qui vous semble aussi sinueuse et imprévisible que le vol du papillon. À la fois, donc, un désir de saisir l'insaisissable par ses ailes et une dénonciation implicite d'une pensée qui « papillonne » et n'effleure que la surface, d'une pensée de peu de fondement.

On lui attribue pour origine une anecdote, sans doute fausse, néanmoins séduisante : dans un café parisien, lieu de rencontre des journalistes avant la Première Guerre mondiale, un serveur répondant au nom de Papillon, toujours débordé, avait l'habitude de répondre quand on l'appelait : « Minute, j'arrive ! », à telle enseigne qu'on le surnomma « minute Papillon »...

« Femmes au travail : minute, papillon ! Les filles détrônent les gars à l'école, et pourraient changer à jamais le visage du marché du travail. Mais ce n'est pas demain la veille que les femmes dicteront la loi, car la société québécoise reste profondément patriarcale. » (*Jobboom.com.*)

Y A DU **MONDE** AU BALCON !

Cette exclamation admirative connaît toujours autant de succès qu'à sa naissance, dans le langage populaire de la fin du XIXe siècle, pour rendre un hommage marqué aux appas généreux d'une dame.

Comme on a déjà eu l'occasion de le signaler plus haut, le corps humain est fréquemment converti, dans la langue des images, en une maison, un immeuble : c'est ainsi que l'on dit, par exemple, de quelqu'un de petit qu'il est « bas de plafond », d'un fou qu'il « n'y a plus personne au logis », de quelqu'un de pas très futé qu'il « n'a pas la lumière dans toutes les pièces », et de quelqu'un de très grand, mais pas très malin que « quand la maison est trop haute, il n'y a rien au grenier ». Ici, bien visibles puisqu'en partie à découvert, saillant en « façade », ce sont des seins mis en valeur par un décolleté indiscret qui sont dépeints, et la quantité plantureuse, l'opulente abondance qu'ils semblent avancer et tendre vers vous, est plaisamment transcrite par l'image d'une multitude imprécise de gens qui se presseraient au balcon, comme au théâtre, pour vous voir !

« Britney Spears a du monde au balcon ! » (*tourte.org.*)

Montrer de quel bois on se chauffe

La menace imminente que vous percevez lorsque quelqu'un vous lance : « Je vais t'montrer de quel bois je m'chauffe ! » n'était pas inscrite aux origines de l'expression.

Car, dire de quelqu'un, au XVIe siècle, « Je sais de quel bois il se chauffe » ne signifiait rien d'autre que « en connaître la nature, le caractère, les mœurs, la vie ». Ce n'est qu'à la fin du XVIIe siècle, à partir de « il verra de quel bois je me chauffe : quel homme je suis », d'après la définition de Furetière, qu'on a glissé à l'idée menaçante d'en remontrer à quelqu'un. Glissement sans nul doute facilité par l'image suggérée de la bûche, qui pourrait bien se transformer en arme de persuasion, ainsi que par le verbe « se chauffer » qui connote le feu de la colère.

Auxquels est venue se surajouter à date plus récente, puisque la formule ne remonte pas au-delà de la fin du XIXe siècle, la promesse que « ça va chauffer ! »

« Je me retiens pour ne pas gifler le plus petit (des enfants de mon compagnon), étrangler (façon de parler) le plus grand ; le moyen, je fais avec... Son ex, je me retiens d'aller lui montrer de quel bois je me chauffe ! Combien de temps vais-je tenir ? » (Forum, *Psychologie.com.*)

MOTUS ET BOUCHE COUSUE !

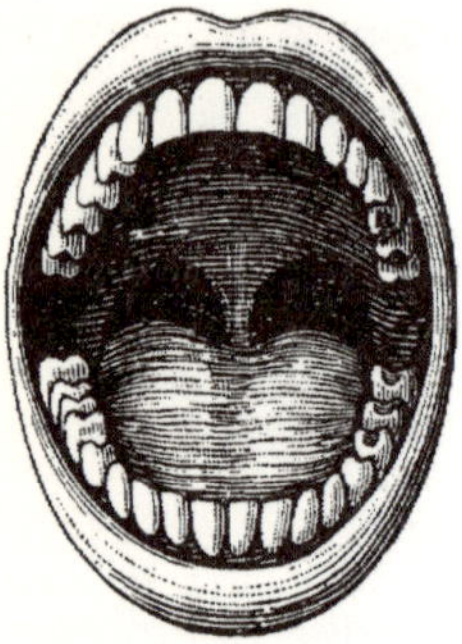

L'index collé aux lèvres, vous invitez, à l'aide de cette formule, votre interlocuteur à garder la plus grande discrétion sur la scène dont il vient d'être le témoin, à ne rien trahir du secret que vous lui avez confié.

L'exclamation « bouche cousue ! » se rencontre déjà au XVe siècle, la métaphore de la couture servant à transcrire un silence que l'on souhaite aussi sûr que solide. « Motus » serait un peu postérieur, puisqu'il apparaît au XVIe siècle, mais prendrait, de fait, la suite de « mot » qui s'employait, se fondant sur des locutions où il avait un sens négatif telles que « ne sonner, ne dire mot », en tant qu'exclamation dès le XVe siècle avec le sens de « pas un mot ! » « Motus », ici, ne veut rien dire, ce n'est que du latin de pacotille, du faux latin, l'essentiel étant vraisemblablement, par ce vernis savant, de signifier à celui dont on réclame le silence qu'on est entre gens initiés !

Molière place l'une et l'autre expression dans la bouche de Lubin, le serviteur de Clitandre, pour réclamer la discrétion absolue de George Dandin, dont il ignore qu'il est précisément le mari de celle que son maître courtise : « Motus ! il ne faut pas dire que vous m'ayez vu sortir de là ! » ; « Bouche cousue, au moins. Gardez bien le secret afin que le mari ne le sache pas. » (*George Dandin*, I, 2.)

Et de nombreux auteurs du XIXe siècle, tels Balzac, Dumas, Vallès, utilisent l'interjection « motus ! » pour inviter à la discrétion. Aussi avancera-t-on avec prudence que c'est sans doute au XXe siècle que les deux expressions ont été fondues en une seule et même locution, par juxtaposition, « motus, bouche cousue ! » ainsi que l'écrit Sartre, ou par coordination, « motus et bouche cousue ! », forme qui est devenue de loin la plus courante aujourd'hui, et dont on ne perçoit même plus la redondance.

« Motus et bouche cousue pour Vincent Peillon. Il n'a pas voulu commenter l'état de ses relations avec Ségolène Royal. » (*20minutes.f.*)

NE PAS SE **MOUCHER** DU COUDE

Cette locution qui vous semble quelque peu acrobatique : « il ne se mouche pas du coude *ou* du pied » – et l'on est même allé jusqu'à dire « il ne se mouche pas du talon » – a d'abord servi à désigner, au XVIe siècle, une personne qui s'y prenait bien pour faire les choses, accomplissait les gestes adéquats, quelqu'un d'adroit, habile en affaires, et qu'on ne pouvait pas « moucher », verbe qui signifiait alors tromper, berner. C'est en ces termes que Dorine dépeint à Mariane l'habile Tartuffe que son père veut lui faire épouser :

« Certes, monsieur Tartuffe, à bien prendre la chose,
N'est pas un homme, non, qui se mouche du pied :
Et ce n'est pas peu d'heur que d'être sa moitié » (Molière, *Le Tartuffe*, II, 3).

Du geste parfaitement adapté à la situation qui dessine l'habile homme, on est passé, en un bon siècle, à l'idée d'une supériorité affichée, et l'expression a pris le sens qu'on lui connaît aujourd'hui de se donner de grands airs, d'avoir des prétentions exagérées, de ne rien se refuser.

« Pour qui se prend-il ? Il ne se mouche pas du coude ! On n'a pas besoin d'un bobo ! » (Commentaire sur le refus de Luc Ferry de figurer sur la liste UMP pour les élections européennes, *LeFigaro.fr*.)

MOUILLER SA CHEMISE

Notez bien qu'il est question ici de chemise, et non pas de culotte, ce qui aurait un sens tout à fait différent, puisque « mouiller sa culotte *ou* son froc » dénoterait la peur, la trouille.

Dans « mouiller sa chemise », locution apparue vers la fin du XIXe siècle, c'est donc bien de sueur qu'il s'agit, la sueur de l'effort fourni, du travail fatigant accompli.

Mais c'est aussi, par contamination du verbe pronominal « se mouiller », qui signifiait alors « s'engager dans une affaire en prenant des risques, se compromettre », prendre résolument le parti de quelque chose, ne pas ménager ses efforts pour favoriser une entreprise, servir une cause.

Substituant souvent au possessif l'article défini « mouiller *la* chemise » – ce qui, selon Bernet et Rézeau, « révèle une origine méridionale » (cf. « tomber la chemise » plutôt qu'enlever sa chemise) – et connaissant plusieurs variantes (« mouiller le maillot » d'origine sportive, « mouiller sa/la liquette *ou* tunique »), l'expression jouit depuis quelques années d'une grande faveur dans le monde politique et dans le milieu du spectacle qui ont pour point commun d'offrir l'un et l'autre une scène où il faut payer de sa personne.

« Il convient que le ministre de la Culture mouille sa chemise, comme on dit », explique Frédéric Mitterrand, qui s'apprête à faire la lecture de son livre préféré devant le public du théâtre du Rond-Point, dans l'émission *La Grande Librairie*. (France 5.)

Revenons à nos **moutons** !

C'est sous cette forme impérative, restée inchangée depuis ses lointaines origines, que vous utilisez l'expression pour, marquant une pause dans votre discours, signifier que vous allez vous recentrer sur l'essentiel : « Mais revenons à nos moutons. » Ce peut être aussi l'injonction que vous lancez à la personne qui monopolise la parole, pour la ramener au cœur du débat. Dans tous les cas, c'est l'indice d'une prise de conscience que le locuteur s'est laissé aller à une trop longue digression, qui l'a fait dévier très loin de son propos.

Mais quels sont ces moutons auxquels la locution ordonne de revenir ? Pas ceux, c'est certain, que vous comptez le soir pour vous endormir. Pas non plus ceux du Panurge de Rabelais que l'on croit souvent, à tort, débusquer derrière cette locution. Mais d'autres moutons lettrés et très anciens, puisqu'ils proviennent de *La Farce de Maître Pathelin* datée du XVe siècle, que le juge invoque en ces termes : « Sus ! Revenons à ces moutons ! », pour ramener les plaignants quelque peu embrouillés au vrai sujet de l'affaire : un vol de moutons !

« Revenons à nos moutons... à savoir les bonnes habitudes du mercredi, avec de la pâtisserie mégafacile pour les feignasses qui souhaitent néanmoins laisser à leur marmaille d'impérissables souvenirs d'enfance » (Blog, *lasandale.com*).

N

Nickel chrome !

Étrange, cette habitude (qui a commencé de se répandre vers la fin du XXe siècle) d'exprimer que tout va impeccablement bien en invoquant l'alliage des deux métaux : « nickel chrome ! », non ?

Vous disiez déjà auparavant, pour transcrire, par exemple, l'état d'irréprochable propreté de votre cuisine : elle est « nickel », usant de la forme de l'adjectif invariable qui fait référence à l'aspect blanc brillant dudit métal.

Auquel le chrome, métal d'un gris brillant, est encore venu rajouter ses feux. « Nickel chrome » serait donc une forme renforcée, superlative,

qui s'emploierait pour signifier un état d'excellence, de perfection, de satisfaction absolues.

« Il est temps de pratiquer un petit diagnostic de peau ! Vous saurez ainsi quels sont les soins adaptés et les gestes à faire pour garder un visage nickel chrome ! » (*psychonet.fr.*)

Avoir un **nom** à coucher dehors

Voilà une expression datée du milieu du XIXe siècle qui vous a toujours semblé étonnante : comment expliquer qu'un nom, quel qu'il soit, ait le pouvoir de vous faire coucher dehors ?

Sur la nature exacte d'un tel nom, les dictionnaires sont partagés : Rey et Chantreau optent pour « un nom très difficile à prononcer et à retenir », Duneton mentionne tour à tour son acception dans l'argot lyonnais de « très vilain nom, comme par exemple celui de ce préfet de Louis-Philippe, qui s'appelait Cochon » et son interprétation comme « si bizarre et inquiétant qu'il vous fait refuser partout ».

Compliqué, ridicule ou suspect, un nom qui, dans tous les cas, exclut celui qui le porte, qu'on accorde à l'image de « coucher dehors » le sens métaphorique de « aller se faire voir ailleurs » (présent, par exemple, dans « va (te) coucher ! » qu'on lance à un importun), ou le sens propre de laisser dehors, sur le carreau, pour cause de délit de faciès... du nom !

Apportant de l'eau au moulin de cette dernière thèse, Duneton relève que la formule a été explicitée, à la fin du XIXe siècle, en « un nom à coucher dehors avec un billet de logement », le « billet de logement » permettant aux troupes de se loger chez l'habitant, garantie qui, en l'occurrence, ne serait pas estimée par les propriétaires comme un aval suffisant pour dissiper la méfiance que leur inspire le nom étranger du soldat requérant leur hospitalité.

Mais on pourrait aussi ne voir dans « à coucher dehors » qu'une plaisanterie du style de « une histoire à dormir debout » : un nom à tiroirs, à rallonges, avec des particules à n'en plus finir, ou des accumulations de consonnes improbables, si long à déchiffrer et à énoncer qu'il faudrait y passer la nuit, comme on dit, ou du moins une bonne partie, et alors, c'est sûr, tout serait déjà fermé, et on n'aurait plus qu'à dormir dehors !

« Bokassa, un nom à coucher dehors. Sans ressources, un fils de l'ex-empereur veut garder le «château» familial. » (*Libération.fr.*)

Être sur un petit **nuage**

Elle se prononce d'un air radieux, avec un large sourire aux lèvres, et a connu, au cours de ces dernières décennies, un grand succès et quelques variations : « je suis sur mon petit nuage », « je suis sur un/mon petit nuage rose ».

Reprenant l'idée de perte du contact avec le réel, déjà présente depuis le XIXe siècle dans la locution « être dans les nuages » qui dénote quelqu'un de distrait, rêveur, l'expression sert à transcrire un état d'euphorie, de bonheur, jugés irréels par leur intensité. C'est la version laïcisée des expressions à connotations religieuses, comme « être au septième ciel », « être aux anges », qui recèlent un sens premier très fort de joie confinant à l'extase.

Avec le choix du singulier (un nuage individuel), l'usage du possessif (*son* nuage) et les nuances familières et tendres apportées par les adjectifs « petit » et « rose », l'expression semble découper un bonheur privatisé, domestiqué, confortable, mais aussi de caractère éphémère (le nuage va se transformer en pluie) et il faudra alors, comme on dit, « redescendre de son petit nuage ».

« Grisé par la crise géorgienne, galvanisé par ses discours sur l'avènement du «nouveau monde» après la crise, Nicolas Sarkozy n'entend pas redescendre de son petit nuage. » (*Libération*.)

Numéroter ses abattis

« C'est une précaution indispensable et que le poilu n'oublie jamais : on ne sait pas ce qui peut arriver », commente Déchelette à propos de cette expression, dans son dictionnaire de l'argot des poilus publié en 1918.

Car il y a effectivement péril dans l'air, un combat, réel ou figuré, se prépare, qui constitue une menace pour l'intégrité du corps et l'usage de tous les membres, dont on invite plaisamment à faire le décompte afin de les remettre plus facilement à leur place, une fois qu'ils auront été mis à mal par la bataille !

Le mot « abattis » ou, d'après l'orthographe ancienne, « abatis », a d'abord désigné, au XVIe siècle, le fait de tuer du gibier à la chasse : « faire un grand abatis de gibier », puis, recoupant le sens d'« abats », les parties découpées d'une volaille, et, par analogie plaisante, au XIXe siècle, les extrémités humaines : « il a de gros abatis », disait-on, cite Littré, « dans un langage très bas », pour parler d'une personne aux mains et aux pieds massifs. Il semblerait que l'expression ait connu des avatars plus classiques : « numéroter ses membres » au tout début du XIXe siècle, puis « numéroter ses os » vers le milieu du XIXe siècle, avant de se fixer un peu plus tard sur ces cocasses abattis qui sont toujours siens aujourd'hui.

« Christine Boutin devra rendre l'argent [de sa mission à 9500 euros mensuels] fissa, sinon elle devra numéroter ses abattis ! » (*France Inter*, D. Porte.)

O

T'**OCCUPE** PAS DU CHAPEAU DE LA GAMINE !

Vous vous la représentez, la jolie petite fille, avec les rubans de son chapeau voletant au vent ? Eh bien, tant mieux ! parce que cette image est vraiment tout ce que vous pouvez espérer saisir de cette locution, aucun spécialiste n'ayant encore réussi à mettre au jour la référence (refrain de chanson à la mode ? tirade d'une pièce à succès ?) qui lui aurait donné naissance, au début du XXe siècle.

Tout au moins peut-on en appréhender avec certitude le sens, qui se révèle très proche d'expressions comme « occupe-toi de tes affaires ! », ou « occupe-toi de tes oignons » –faussement maraîcher puisque le mot, au singulier, désigne en argot l'anus –, ou, formulée très directement, « occupe-toi de tes fesses ! » Et on peut aussi répertorier les variantes diverses et créatives que cette mystérieuse expression a suscitées : « T'occupe pas du chapeau de la gamine, pousse la voiture (*ou* le landau) ! », « T'occupe pas du chapeau de la gamine, laisse flotter les rubans ! », « T'occupe pas du chapeau de la gamine, c'est pas toi qui paies le ruban ! »

« Alors, continue dans la lancée de tes dernières campagnes de recrutement et t'occupe pas du chapeau de la gamine ! » (*203977.aceboard.fr*.)

Être à l'**ouest**

Cette expression, très à la mode depuis la toute fin du XXe siècle, semble avoir été calquée sur l'anglais *to go west* et a d'abord circulé dans les milieux de la drogue.

« Être carrément *ou* complètement à l'ouest », c'est être en rupture avec le réel, sous l'effet de substances psychotropes, c'est être proprement du côté du couchant de l'entendement !

Plus largement, la locution s'est ensuite appliquée à toute personne qui n'est pas dans son état normal, pour cause de fatigue excessive, absorption immodérée d'alcool, etc., renouvelant, par sa métaphore géographique, les expressions qui avaient cours à ce sens depuis le milieu du XXe siècle, au nombre desquelles on citera parmi les plus fréquentes « être dans le coltar », qui faisait appel à l'anglais *coaltar*, « goudron de houille », pour transcrire un état d'engluement avancé, ou « être à la masse » qui empruntait au registre électrique pour suggérer que le court-circuit n'est pas loin...

« En matière de réforme des retraites, Martine Aubry est à l'ouest, comme on dit couramment. » (*France Inter*.)

Avoir des **oursins** dans le porte-monnaie

Après « les lâcher avec des élastiques » évoqué plus haut, voilà une autre figure populaire non dénuée de saveur pour symboliser l'avarice. Une avarice en quelque sorte indépendante de la volonté du propriétaire du porte-monnaie, une rétention éminemment humaine : qui pourrait avoir envie d'y porter la main, en ayant d'avance la certitude de se heurter aux féroces piquants des oursins ?

Depuis son apparition, vers le milieu du XXe siècle, on en relève plusieurs versions, qui font varier tantôt la nature du contenant : « avoir des oursins dans le portefeuille, la poche, les poches, les fouilles, le morlingue, le morniflard », ou, d'après l'apport de Pierre Perret, « le larfeuille » ou encore « avoir un porte-monnaie en peau de hérisson », tantôt celle de l'agressif contenu : « avoir un cactus dans le portefeuille ». Par ces images prosaïquement réalistes, ces mots codés et ces suffixes inventifs, c'est la langue verte qui s'exprime dans tout son éclat.

« Pourquoi Aznavour est parti en Suisse ? Mais pour payer moins d'impôts, pardi ! Le partage, il ne connaît pas. En tout cas, il fait honte à la mémoire de Piaf qui, elle, avait le cœur sur la main et non pas des oursins dans les poches. » (*forums.voila.fr*.)

P

Partir en sucette

« Partir en sucette, en brioche, en vrille, en couille(s) » : toutes ces expressions qui se sont répandues au cours du XXe siècle semblent, sous des images différentes, signifier à peu près la même chose.

« Partir en brioche » rendrait l'idée de la brioche sèche qui s'émiette, et reprendrait le sens figuré de maladresse qui remonterait au XIXe siècle et à cette habitude qu'avaient les musiciens de l'Opéra de Paris de payer, à chaque couac commis, une amende dans une caisse commune qui leur servait ensuite à acheter une brioche qu'ils se partageaient.

« Partir en couille » qui, étrangement, semble se rencontrer plutôt au singulier, exploite les sens métaphoriques de la couille-ennui déjà rencontrée plus haut (cf. « y a une couille dans le potage ») ainsi que de la couille-chose négligeable (cf. dans l'expression « c'est de la couille » pour parler d'une chose sans valeur), et serait peut-être due à une réinterprétation hardie de l'expression « partir en quenouille » (péricliter) qui n'était plus comprise.

Quant à la vrille et à la sucette, elles seraient toutes deux empruntées au vocabulaire de l'aviation, la descente en vrille désignant la chute brutale d'un avion en « cercles concentriques de plus en plus petits », selon Déchelette, et, dans un sens voisin, « partir en sucette » s'employant, d'après Bernet et Rézeau, comme un « synonyme de partir en toupie ». Toutes expressions qui connotent, par conséquent, souvent une perte de contrôle, et toujours une dégradation plus ou moins rapide, mais inéluctable.

« L'écran de mon portable commence à beaucoup partir en sucette. Depuis quelques semaines, j'ai une tache blanchâtre de taille et de forme variable qui est apparue en bas à droite... » (*Clubic.com*.)

PASSER UN SAVON

« Notre prof nous a passé un de ces savons ! » s'écrie votre fille, geste de la main à l'appui, en rentrant de l'école, et voilà que toute l'étrangeté de la formule vous saute au visage : comment un savon, qui devrait normalement ne servir qu'à rendre propre, a-t-il pu en arriver à symboliser une verte réprimande ?

À ce savon qu'on passe, donne, reçoit ou subit depuis le XVIIIe siècle, on a pu substituer, en gardant l'idée d'enduire d'une substance glissante, un « suif » (graisse animale utilisée, notamment, dans la préparation des savons) à partir du milieu du XIXe siècle (« donner, passer, flanquer un suif »), et, au XXe siècle, un « shampooing » (figé sous un seul verbe « passer un shampooing »).

C'est cette dernière version, à base de shampooing, qui nous rapproche le plus de l'origine de l'expression, puisque, pour la percer à jour, il convient de remonter jusqu'à la locution « laver la tête à quelqu'un » qui, par le biais de l'image d'une tête saisie à deux mains et vigoureusement frottée, servait à transcrire, dès le XVIe siècle, l'idée de malmener quelqu'un, de l'étriller en paroles. Au milieu du XXe siècle, Rat signale encore « laver la tête à quelqu'un » comme courante, mais il semblerait qu'elle ne s'emploie plus aujourd'hui, de même qu'ont disparu les états intermédiaires qu'a connus la locution pour suggérer de violents reproches faits à quelqu'un : « laver la cornette » sous la plume de Mme de Sévigné, « laver la coiffe *ou* le béguin », ou encore, au plus près de la locution d'origine, « savonner la tête à quelqu'un ».

Et l'on n'omettra pas, pour parfaire notre série « agents nettoyants et onguents », de citer l'expression antonyme, apparue vers la fin du XIXe siècle : « passer de la pommade », qui signifie couvrir quelqu'un de félicitations et de compliments. Changeant de registre, on mentionnera enfin une autre locution très employée, qui traduit l'idée de réprimande par l'inconfort procuré par des bretelles trop ajustées : « remonter les bretelles à quelqu'un ».

« Quand Dove se fait passer un savon par Greenpeace... L'ONG qui lutte pour la protection de l'environnement épingle sévèrement Dove et sa maison mère Unilever qui, pour produire leurs savons, achètent la sève d'arbres sauvagement abattus en Indonésie. » (*culture-buzz.fr.*)

J'EN **PASSE** ET DES MEILLEURES !

C'est la formule que vous employez pour clore une énumération déjà longue, afin de laisser entendre que vous auriez largement matière à continuer, vu que vous n'avez pas fait mention du pire (qualifié par antiphrase de « meilleures ») !

Sans le savoir, et à peu de chose près (plus précisément, au genre féminin près, « meilleures » s'étant sans doute introduit dans l'expression parce qu'on supposait que le pronom « en » suppléait le mot « histoires », de même qu'on dit « c'est la meilleure ! »), vous citez une réplique prononcée par un personnage de Victor Hugo le 25 février 1830, au Théâtre-Français, lors de la première représentation houleuse du drame *Hernani ou l'Honneur castillan*, qui fit s'affronter les tenants du classicisme avec les jeunes promoteurs du romantisme. On a même dit que c'est grâce à cet hémistiche qu'aurait été gagnée la bataille d'Hernani.

Au troisième acte de la pièce, Don Ruy Gomez, sommé par le roi d'Espagne, Don Carlos, de livrer son hôte Hernani, sursoit à toute réponse en se lançant dans l'interminable description des portraits de ses valeureux ancêtres. À mesure que s'étire son monologue, l'agitation des spectateurs va croissant et en arriverait bientôt à son comble, si, au neuvième portrait, Hugo ne plaçait habilement dans la bouche du vieux Ruy ce « j'en passe et des meilleurs » (au masculin, puisqu'il s'agit des portraits ou des ancêtres), qui rassérène d'un coup d'un seul et le roi d'Espagne exaspéré et le public au bord de la huée.

« Je ne compte plus les dépassements dangereux par la droite, ceux qui ne respectent pas les distances de sécurité, les queues de poisson [...], ceux qui sont au téléphone ou qui regardent plus leur GPS que la route, et j'en passe et des meilleures ! » (Commentaire, *turbo.fr*.)

Pédaler dans la choucroute

Vous avez le choix de la matière : choucroute, semoule, couscous, yaourt *ou* potage, pour ne citer que les compléments circonstanciels les plus fréquemment choisis pour cette expression apparue dans la langue familière du milieu du XXe siècle. Même si la choucroute semble désormais avoir remporté la victoire, les autres avatars alimentaires ont connu de beaux jours, surtout dans les deux dernières décennies du siècle défunt.

Une locution qui, vue de près, se révèle pour le moins polysémique. Eu égard à la nature compacte, pâteuse et adhésive des denrées à brasser pour faire tourner le pédalier, on conçoit aisément que la progression soit difficile et qu'on n'arrive, au bout du compte, pas à grand-chose (tout comme on conçoit aisément que « pédaler dans le beurre ou dans l'huile », moins employés aujourd'hui qu'ils ne l'étaient vers la fin du XXe siècle, permettent, au contraire, de glisser jusqu'au but sans se donner de mal). Mais, outre cet effort aussi pénible que vain, « pédaler dans la choucroute » impose d'autres connotations indissociables : les gestes désordonnés et confus de qui « s'emmêle les pédales », le dérèglement et la déraison stériles de celui qui, à force de « pédaler à vide », finit par « perdre les pédales ».

« L'Europe pédale dans la choucroute. [Après la Grèce], un effet domino menace le système financier allemand. »

(*webrunner.kazeo.com.*)

ÊTRE **PEIGNÉ** COMME UN DESSOUS DE BRAS

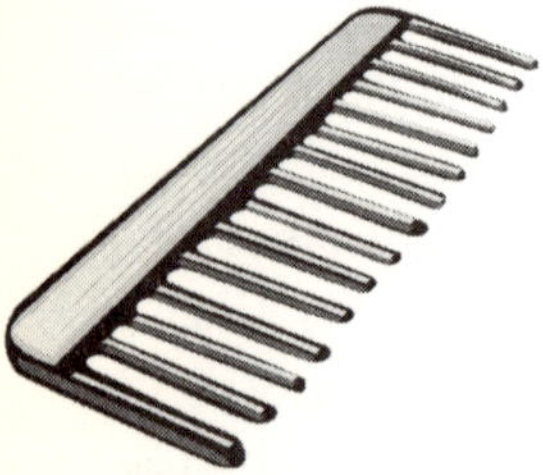

Avoir les cheveux en bataille, en broussaille, s'être coiffé avec un râteau, avec un clou, avec un pétard, avec les pieds du réveil, ou, selon l'expression recueillie par Bernet et Rézeau au saut du lit, « avec un oreiller » : les métaphores servant à montrer une chevelure rétive au peigne ne manquent pas dans la langue populaire, mais « être peigné (coiffé) comme un dessous de bras », qui a commencé de se répandre dans le dernier tiers du XXe siècle, innove en proposant la première comparaison explicite.

« Un dessous de bras », dites-vous, et pourquoi pas « une aisselle » ? Sans doute parce que le « dessous de bras », par son imprécision, contribue mieux à suggérer avec humour l'exubérance et l'anarchie des poils à l'abandon que l'« aisselle », qui impose sur-le-champ la vision publicitaire de poils à réduire à néant par l'épilation...

« Je suis toujours peigné comme un dessous de bras, un béret sur la tête, une goldo au bec, une baguette sous le coude et un saucisson dépassant de la poche... » (*voyageforum.com.*)

Trois **pelés** et un tondu

On reste dans un registre pileux avec cette expression ancienne, à laquelle vous admettrez qu'il est pour le moins étrange de faire appel, lorsque vous voulez dire qu'il y a très peu de monde !

« Trois pelés et un tondu », « quatre pelés et un tondu », « trois pelés et quatre tondus », « deux pelés et trois tondus », « deux tondus et un pelé » : les chiffres du contingent varient au cours des siècles, et sa composition, aujourd'hui stable, n'est pas celle qu'on relève dans les premières attestations de cette locution. C'est, en effet, sous la forme « trois teigneux et un pelé » qu'elle se rencontre dès le XVIe siècle, chez Rabelais (Pantagruel « voyant que là n'estoient que troys teigneux et un pelé de legistes audict lieu, s'en partit »), et Oudin en donne pour définition « une petite trouppe de gens de peu de considération ».

Car ces teigneux, pelés et autres tondus ne sont pas à prendre ici comme simple métaphore d'un petit nombre de gens (id est : aussi clairsemés que les poils et cheveux le sont sur des teigneux, pelés et tondus), mais dénotent un mépris véritable. Oudin explique, au XVIIe siècle, que dire « un pelé » est une « sorte d'injure », pour désigner « un homme mal basty, un coquin, un gueux ».

Et La Fontaine emploie l'image pour suggérer dans *Le Loup et le Chien* l'asservissement du chien à l'homme (« Chemin faisant, il vit le cou du chien pelé »), et, dans *Les Animaux malades de la peste*, pour faire du pauvre âne un bouc émissaire (« Ce pelé, ce galeux d'où venait tout le mal »).

On a déjà évoqué plus haut (cf. l'expression « j'en mangerais sur la tête d'un teigneux ») la répulsion que suscitaient autrefois les gens atteints d'affections cutanées très contagieuses comme la teigne, dont la pelade, chute des cheveux par plaques, et la tonte étaient les conséquences directes. La vision repoussante qu'imposait cette petite cohorte de malades nous met avec certitude sur la voie du sens premier de l'expression : il y a peu de gens, et les quelques personnes présentes ne peuvent être approchées parce qu'elles sont méprisables !

De nos jours, même si la force de l'image n'est plus perçue, l'expression, sous sa forme la plus fréquemment employée, « trois pelés et un tondu », en conserve tout de même un écho affaibli, puisqu'elle continue à transcrire l'idée d'une quantité négligeable.

« Condamnations internationales, réunion d'urgence du Conseil de sécurité, manifs devant l'ambassade d'Israël... Petite manif en France, où il y avait trois pelés et un tondu, euh... pardon, trois voilées et un barbu. » (*lepost.fr*.)

Ton **père** n'est pas vitrier !

Vous le disiez enfant, vos petits-enfants le disent toujours : on ne peut que s'émerveiller de la longévité de cette repartie enfantine qui traverse les modes et les décennies sans perdre de sa couleur.

C'est en quelque sorte la version moderne de l'injonction que, depuis son tonneau, sans ménagement, Diogène, le philosophe cynique, lançait à Alexandre le Grand penché au-dessus de lui : « Ôte-toi de mon soleil ! » Notre expression constitue elle aussi un rappel à l'ordre destiné à faire sentir au gêneur toute la

grossièreté dont il fait preuve en interposant la masse de son corps entre vous et ce que vous regardez, vous et ce qui vous intéresse.

Le plus neutre « T'es pas transparent ! », débité sur le même ton peu amène, est également employé dans le dessein de signifier à quelqu'un qu'il vous bouche la vue. Mais il y a fort à parier que nombre de générations continueront encore à lui préférer l'évocateur « ton père n'est pas vitrier ! », qui, d'après des informateurs patentés, se serait vu à date récente prolongé, dans les cours de récré, par « ta mère s'appelle pas Claire ! »

« J'avais eu pendant très longtemps le sentiment d'être quelqu'un de transparent, je n'étais pas au monde. Quand on était enfant, ma sœur me disait de me pousser de devant la télé : «Ton père est pas vitrier», disait-elle. Moi, je pensais toujours : dommage. » (Interview du cinéaste Léos Carax, *lesinrocks.com*.)

PÉTER UN CABLE...

Un câble électrique, bien sûr, l'expression étant l'équivalent exact de « péter les plombs, les fusibles » et de la même famille que « avoir les fils qui se touchent ». Dans tous les cas, c'est l'indice qu'il y a surchauffe et que le court-circuit menace : on disjoncte avec la réalité, on perd le sens commun, on fait n'importe quoi, on déraisonne. On dit aussi, dans un sens analogue, en usant de métaphores empruntées au registre de la mécanique, « péter un boulon, un joint, une durite ».

Toutes images devenues aujourd'hui tellement présentes et banales, qu'on a du mal à imaginer qu'elles n'ont pas toujours fait partie de notre paysage langagier.

Il semblerait pourtant qu'elles ne se soient pas formées avant la fin des années 1980, même si Duneton relève, dès le milieu du XXe siècle, « fondre les plombs » au sens de « faire faillite », glosant que « quand les plombs ont fondu, toute l'entreprise est dans l'obscurité ».

Et, aujourd'hui encore en évolution, elles semblent depuis peu vouloir se fixer par l'usage marqué du singulier de préférence au pluriel (« péter *un* plomb, *un* fusible ») sur une explosion de proportions plus modestes...

« Pour Marc-Philippe Daubresse, le ministre de la Jeunesse et des Solidarités actives, Ségolène Royal, en dénonçant un «système Sarkozy corrompu», a pété un câble. » (*France Inter*.)

Y A PAS **PHOTO** !

C'est en entendant Gianni Mina âgé de dix-huit ans, benjamin du tournoi de tennis de Roland Garros, répondre au journaliste qui lui demandait, le 25 mai 2010, s'il préférerait décrocher son baccalauréat ou remporter le match qui allait l'opposer au grand joueur espagnol Rafael Nadal, répondre « Y a pas photo ! », que vous avez pris toute la mesure de l'expression.

Empruntée, dans les dernières années du XXe siècle, au vocabulaire des courses hippiques, où il est souvent nécessaire d'avoir recours à la photographie prise à l'arrivée de la course pour départager les vainqueurs, elle s'emploie toujours sous la forme négative abrégée familièrement « y a pas », pour signifier qu'il n'y a pas de doute possible sur la primauté à accorder à une chose sur une autre, pas même de comparaison possible entre deux choses données, tant l'une éclipse l'autre par ses qualités d'une supériorité évidente. Alors, l'obtention du bachot (86,2 % de taux de réussite en 2009) ou la victoire sur le numéro 1 mondial ?

C'EST DU **PIPEAU** !

Vous l'entendez, la douce musique flûtée de celui qui est en train de vous raconter des bobards ?

C'est, plus précisément, un appeau imitant un cri d'oiseau que vous devriez percevoir, puisque tel était le sens du mot « pipeau » dès le XVIe siècle, et ce leurre employé dans le domaine de la chasse pour « piper » les oiseaux, à savoir les tromper, les attraper, a été transféré dans le vocabulaire des joueurs de cartes et de dés (on dit encore aujourd'hui « les dés sont pipés »).

Héritée en droite ligne de cette acception, l'exclamation « c'est du pipeau ! », apparue dans les dernières décennies du XXe siècle, s'emploie pour dénoncer qu'une chose est fallacieuse, qu'elle n'est pas vraie, qu'elle n'est rien d'autre que du baratin destiné à rouler quelqu'un dans la farine.

Piotr Cywinski, directeur du musée du camp d'Auschwitz, interrogé après la disparition de l'enseigne *Arbeit macht frei*, dérobée dans la nuit du 17 au 18 décembre 2009 : « Högström (l'inculpé) a dit qu'un riche et mystérieux collectionneur avait passé commande du panneau. On a évoqué des groupuscules néonazis prêts à financer des attentats avec l'argent du panneau volé. Pour moi, tout ça c'est du pipeau. » (*Le Nouvel Observateur*.)

AUTANT **PISSER** DANS UN VIOLON !

Voilà bien une image dont la cocasserie et l'incongruité ne laissent pas de vous surprendre... Et il n'est pas sûr, hélas !, que les explications qui en sont fournies à ce jour par les doctes dictionnaires vous permettront d'étancher votre curiosité.

« Autant pisser dans un violon ! » : l'exclamation transcrit une prise de conscience qu'on est en train d'agir en pure perte, qu'on gaspille son temps inutilement.

Et celui qui a l'impression de parler dans le vide, puisque personne n'écoute ses avis, ses conseils ou ses recommandations, s'écriera également : « C'est comme si je pissais dans un violon ! » (Sous-entendu : « Ce que je dis ou rien... ») Par l'inadéquation de l'instrument (violon) à l'usage qui en est fait (pisser), la locution, qui date de la fin du XIXe siècle, tend-elle

seulement à traduire en une image comique l'inefficacité certaine d'un geste inadapté, inapproprié ?

Convient-il de supposer, avec Rey et Chantreau, qu'il nous manque dans l'histoire de cette expression un maillon décisif, qui serait : « *C'est comme si on soufflait, sifflait dans un violon*, par confusion entre les instruments de musique », le verbe « pisser » n'étant apparu par plaisanterie que plus tard ? Ou le « violon » désignant, par ailleurs, en argot, depuis la fin du XVIIIe siècle, la prison – peut-être par analogie des cordes de l'instrument avec les barreaux – doit-on supposer comme origine de l'expression un jeu de mots qui nous serait devenu obscur ?

« Pisser dans un violon... Et pourquoi pas péter dans un accordéon, vomir sur un xylophone, chier dans une flûte à bec, se moucher dans un piano à queue, cracher dans une vielle à roue, se curer les oreilles avec un cor des Alpes, se frotter les yeux avec une guimbarde ? » (*virgules.over-blog.com*.)

IL **PLEUT** COMME VACHE QUI PISSE

Les locutions imagées en font décidément voir de toutes les couleurs au pauvre ruminant : déjà symbole de la misère (cf. *supra* « manger de la vache enragée »), du ridicule achevé (« aller comme un tablier à une vache », cf. *supra*), de la méchanceté (« une peau de vache ») ou de l'abrutissement

le plus profond (« comme une vache qui regarde passer les trains »), la voici à présent prise comme mètre étalon de la pluie !
La comparaison née au milieu du XIXe siècle s'emploie, en effet, pour rendre l'idée d'une averse aussi durable que diluvienne, et, pour qui a déjà assisté au spectacle d'une vache qui urine, il faut bien avouer que l'analogie est convaincante ! Aussi n'est-il sans doute pas nécessaire d'essayer de la faire dériver d'une autre expression plus ancienne mettant en scène une autre sécrétion naturelle « pleurer comme une vache », d'autant que le sens que lui prête Oudin en 1640, « sans sujet, et laschement », s'il contribue à accabler encore un peu plus la brave bête, semble entretenir peu de rapports avec notre violent orage. On notera néanmoins au passage l'absence d'article « comme vache qui... », qui confère à l'image une valeur générique, quasi proverbiale (cf. les formulations du type « pierre qui roule... »).

On dit encore aujourd'hui, si l'on préfère ne pas donner dans l'évocation de la miction bovine, « il tombe (pleut) des cordes, des hallebardes » qu'on interprète (même si ce n'est sans doute pas leur origine) comme une pluie si forte qu'elle semble hachurer le paysage de lourdes lignes et vouloir tout transpercer de ses pointes, mais on a perdu l'expression « ça tombe comme à Gravelotte ! », très courante au XXe siècle, qui faisait allusion à la meurtrière bataille de Gravelotte du 16 août 1870, où les corps tombaient de partout sur un rythme serré !

« Quand il pleut comme vache qui pisse, qu'on soit fétichiste de la chaussure ou pas, difficile de sortir [...] ses chaussures chéries sans les bousiller. » (*thevertharicotsrouges.wordpress.com.*)

Avoir un **polichinelle** dans le tiroir

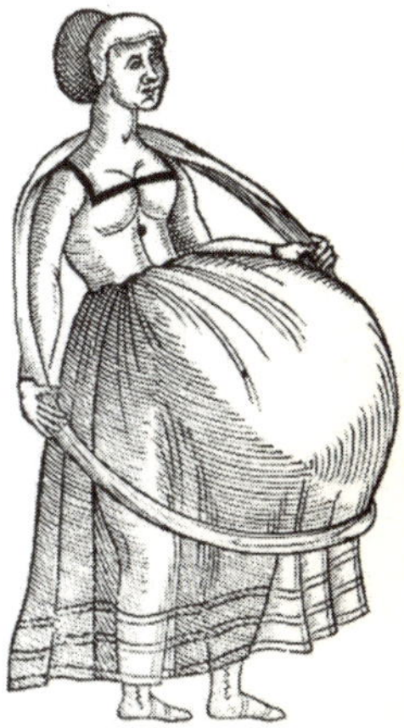

Un polichinelle qui, au risque de vous décevoir, n'est pas celui de la commedia dell'arte..., mais employé ici au seul sens de marionnette, le Polichinelle napolitain ayant donné naissance à une marionnette comique, pourvue d'un nez rouge et bossue, qui connut un vif succès au XVIIIe siècle.

Le tiroir désignant couramment en argot le ventre (cf. « il a pris deux balles dans le tiroir »), la locution qui s'est constituée vers le milieu du XIXe siècle devient dès lors limpide : « avoir un polichinelle dans le tiroir » ou « sous le tablier », c'est avoir un bébé dans le ventre, être enceinte. Une expression étymologiquement on ne peut plus pertinente, puisque, sans le savoir, elle renoue avec l'origine du nom « Polichinelle », petit poulet, poussin (par allusion à la maladresse, au côté mal dégrossi du personnage) qu'elle replace ici dans son œuf !

Cette locution imagée est encore très vivante aujourd'hui, même si elle est concurrencée par la métaphore boulangère plus récente : « avoir une brioche au four ». Quant au polichinelle, il est resté présent dans une autre expression courante, née au début du XIXe siècle, qui met l'accent sur la jactance débridée du personnage : « un secret de polichinelle », laquelle s'emploie pour désigner un secret tellement éventé que tout le monde en a connaissance.

« Il semblerait que la présentatrice du journal de 20 h sur TF1, Laurence Ferrari, 44 ans, ait un polichinelle dans le tiroir », a-t-on pu entendre à la radio, en juin 2010.

Avoir les **portugaises** ensablées

Cette locution apparue au milieu du XXe siècle continue d'être comprise de tous : elle signifie « être un peu dur d'oreille », « ne pas entendre », mais aussi être un peu lent à la comprenette : « T'as les portugaises ensablées ou quoi ? ».

Mais essayez donc de demander à ses utilisateurs de vous en expliquer l'image, et vous serez surpris du résultat : que les oreilles, féminin en français, soient comparées à des Portugaises, passe encore, vous rétorquera votre informateur, invoquant des arguments qui ne vous paraîtront pas toujours du meilleur goût (petites, sombres, poilues...), mais « ensablées », appliqué à ces dames, tout de même !

À moins, bien sûr, que vous n'ayez la chance de tomber sur un ostréiculteur ou un amateur d'huîtres qui établiront l'exacte filiation...

Car, tout comme les belons, marennes et autres fines de claires, les « portugaises » sont une variété d'huîtres très commune au Portugal, qui a la particularité de présenter une coquille de forme allongée au relief irrégulier et tourmenté de nombreux plis et replis évoquant infailliblement... une oreille !

Autre analogie possible – et sans doute antérieure à nos mollusques –, jouant, quant à elle, sur l'aspect des feuilles de chou, tout en surfaces plissées et gaufrées : « être dur de la feuille ».

« Ouvre tes portugaises ensablées et tu entendras que Stéphane Richard, le nouveau patron de France Télécom, annonce déjà comme une fatalité les prochains suicides volontaires. » (Commentaire de l'interview diffusée sur Europe 1 ; *01net.com*.)

PRENDRE L'AIR DU BUREAU

C'est ce que vous avez l'impression de faire, par exemple, pendant le joli mois de mai, entre deux week-ends prolongés. « Tu prends l'air du bureau ? » : c'est aussi ce que vous demandez, non sans une pointe de perfidie, lorsque celui de vos collègues, qui a fait depuis quelque temps des déplacements, stages et/ou congés maladie son *modus laborandi*, vient à faire une apparition dans ledit bureau. Tels sont les emplois actuels de cette locution qui existait déjà au XVIIe siècle, mais avec une tout autre valeur.

En effet, l'expression d'origine, « connaître l'air du bureau », signifiait, au moment où un procès s'engageait, « connaître ou pressentir le sentiment des juges qui ont commencé de travailler à une affaire », ainsi que l'explique Furetière.

Et, encore au XIXe siècle, selon Littré, « l'air du bureau » qualifiait, plus largement, ce qui transparaissait « en bien ou en mal des dispositions de ceux qui ont la décision d'une affaire ».

Il en est incontestablement resté, dans l'usage moderne, l'idée de tâter le pouls, de prendre la température, de jauger l'ambiance qui règne sur le lieu de travail, par un sondage qui se veut aussi incisif que bref !

« De retour à Longjumeau pour mes permanences en mairie. Il fait un temps à prendre l'air du printemps plutôt que celui du bureau. » (Premier « tweet » de Nathalie Kosciusko-Morizet, *01net.com*.)

Prendre un billet de parterre

« ... Et prendre un bon vieux billet de parterre ? On disait ça dans ma jeunesse, mais je ne sais pas si les jeunes générations emploient encore ce doux euphémisme ! » (*forum. wordreference.com*).

Eh bien, non, ce billet ne semble plus avoir cours aujourd'hui, et, comme cet internaute, vous avez le droit de le regretter, si vous trouvez la locution plus originale et amusante que les formulations qui circulent actuellement : se ramasser *ou* se prendre une gamelle, se manger un trottoir...

Née vers le milieu du XIXe siècle, elle a pris la suite de l'expression « faire un parterre » qui signifiait, depuis le XVIIe siècle, faire une chute – où figurait le mot ancien « parterre » au sens de sol – et, gardant ce « parterre » qui désigne couramment la partie d'un théâtre se trouvant au rez-de-chaussée, face à la scène (place aujourd'hui coûteuse, mais qui, jusqu'à la fin du XVIIIe siècle, dénotait un emplacement populaire, où le public restait debout), a filé la métaphore théâtrale jusqu'au bout.

Et l'on pourra se consoler de la perte de ce plaisant jeu de mots en savourant une autre expression tirée du vocabulaire théâtral qui a vu le jour en même temps, mais qui ne semble pas du tout, quant à elle, sur le point de tomber en désuétude : « être aux premières loges » qui suggère, avec juste ce qu'il faut de curiosité morbide, qu'on est vraiment très bien placé pour témoigner d'un événement spectaculaire.

Ne pas être à **prendre** avec des pincettes

Si, au moment où vous arrivez à votre bureau, on vous annonce que votre chef, aujourd'hui, « n'est pas à prendre avec des pincettes », vous vous abstiendrez prudemment d'entrer en contact avec lui durant toute la journée...

Car c'est bien de contact qu'il s'agit dans cette expression : d'abord employée, au début du XIXe siècle, à la forme positive, « il est à prendre avec des pincettes » pour parler de quelqu'un de si sale qu'on ne saurait le toucher à mains nues – lesquelles pincettes désignent l'instrument à deux branches qui sert dans une cheminée à saisir les tisons.

Saleté physique, donc, d'abord, puis également saleté « morale », pour parler d'un individu peu recommandable dont on répugne à s'approcher.

Littré mentionne le tour négatif « on ne le toucherait pas avec des pincettes », suggérant l'idée un peu différente de ne pouvoir toucher la personne en question *même* avec des pincettes, soit même avec de grandes précautions.

Héritant des deux formules, la locution s'est aujourd'hui figée sous la forme « ne pas être à prendre avec des pincettes » et s'applique désormais à une saleté toute « sociale » puisqu'elle dénote généralement une personne à éviter soigneusement pour cause d'humeur exécrable !

« Des chiffres à prendre avec des pincettes. [Ce chercheur au CNRS] réagit au fort pourcentage d'augmentation des faits de délinquance (+ 5 %) annoncé vendredi. » (*L'Humanité.fr.*)

Q

Avoir le QI d'une huître

Une locution toute récente puisqu'elle ne s'est répandue dans la langue familière qu'au cours de la dernière décennie, mais qui semble néanmoins renouer avec des expressions huîtrières autrefois très courantes.

Paradoxe de l'huître : très prisée des gourmets depuis l'Antiquité romaine, elle l'est fort peu par les métaphores de la langue française ! En effet, on disait déjà au XVIIe siècle « une huître » pour désigner une personne stupide, et, un peu plus tard, « c'est une huître à l'écaille » (« on dit l'écaille et non la coquille d'une huître », précise Littré) pour parler d'un imbécile, et « raisonner comme une huître » voulait dire raisonner fort mal, en dépit du bon sens.

Aussi ne s'étonnera-t-on pas de la rencontrer dans les textes littéraires, lorsqu'elle ne figure pas sur un plateau à déguster, présentée comme ici, chez Rétif de La Bretonne :

« Quoi ! je serais assez dépourvu de sensibilité, de sens commun, je serais assez brut, assez huître, pour ne pas être délicieusement ému... » (*La Paysanne pervertie*, 1784).

Comme suite logique de ce passé langagier peu gratifiant, l'huître se trouve aujourd'hui dotée d'un quotient intellectuel avoisinant le zéro, et il n'en va guère mieux de sa présence puisque, née dans la foulée de la précédente, l'expression « avoir le charisme d'une huître » est également de nature péjorative.

Que les ostréiphiles, toutefois, se consolent : il ne semblerait pas que, dans ces acceptions modernes, l'huître soit visée en tant que telle, mais plutôt pour son appartenance à la classe des mollusques, puisque se rencontrent également « avoir le QI (ou le charisme) d'une moule, d'un bulot, d'un bigorneau ».

« Mon ex a le QI d'une huître... mais moi je suis une perle ! » (*facebook.com*.)

C'EST REPARTI COMME EN **QUATORZE/QUARANTE** !

Entendant l'expression tour à tour employée avec l'un et l'autre nombre, vous voudriez bien savoir laquelle des deux formes est l'authentique. Les deux, mon général, vous rétorquera-t-on sans prendre grand risque. Car, si la version « repartir comme en quatorze » est la plus ancienne (milieu du XXe siècle), la seconde « repartir comme en quarante » semble être plus satisfaisante du point de vue du sens.

En effet, de quel plus bel enthousiasme cette exclamation (que vous poussez lorsqu'une action interrompue, suspendue, prend un nouveau départ, et sur les chapeaux de roue) pourrait-elle se réclamer que de celui qui animait les troupes partant au front, en 1914, la fleur au fusil ? Il faudrait donc interpréter la locution de la façon suivante : « c'est reparti comme c'était parti en 14 », *id est* « avec le même entrain et la même ferveur qu'en 14 ».

Alors que « c'est reparti comme en 40 ! », en faisant allusion au départ nettement plus réservé des soldats en 1939 pour une nouvelle guerre, une sorte de guerre bis, apporte une touche de distance et d'ironie qui semble s'accorder parfaitement avec l'idée d'un scénario déjà vécu dont, connaissant par avance les acteurs, les forces en présence, on peut prévoir avec certitude tous les méandres et rebondissements, dans la même veine que l'expression familière également très employée ces dernières années : « on prend les mêmes, on recommence ! »

« Nucléaire : c'est reparti comme en quarante ! Rappelez-vous 2008, au Tricastin. Le même accident vient de se produire à Gravelines… » (*Agoravox.fr*.)

R

Rabattre le caquet

L'association du bavardage avec le gloussement qu'émet la poule au moment où elle pond son œuf vous paraît pertinente. Pourtant, ce « caquet », qui existait autrefois dans plusieurs expressions stigmatisant les bavards (cf. la locution ancienne qu'on cite encore quelquefois pour sa cocasserie : « caquet bon bec la poule à ma tante » pour parler d'une personne qui vous étourdit d'un flot de paroles enjôleuses) n'est vraiment vivant que dans cette expression née au XVIe siècle : « rabaisser, rabattre le caquet de quelqu'un ».

« Je lui ai bien rabattu son caquet ! » déclarez-vous avec satisfaction, pour signifier que, non seulement vous lui avez cloué le bec, vous l'avez réduit au silence, mais aussi que vous avez dégonflé son orgueil, sa jactance, infligé un camouflet à son insolence. Tel, dans la fable *Le Lion abattu par l'homme*, le lion que La Fontaine met en scène pour, en peu de mots, « rabattre leur caquet » à des gens qui tiraient orgueil d'un tableau représentant un immense lion terrassé par un seul homme.

« Pour éviter une attaque terroriste, les musulmans de Suisse doivent rabattre le caquet à Kadhafi. » (*Tribune de Genève*.)

Être **rangé** des voitures

Une formule qui fleure bon le voyou repenti, le gros dur qui s'est refait une conduite, comme dans un film de Michel Audiard.

L'expression est toutefois plus ancienne, puisqu'elle remonterait à la fin du XIXe siècle, une époque où la circulation des voitures (à cheval) en ville, très dense, réclamait déjà des piétons toute leur attention. Aussi était-il vivement recommandé de « se garer des voitures », « d'être garé des voitures », au sens de prendre garde d'éviter tout danger venant des voitures. Par ailleurs, le verbe pronominal « se ranger » se disait depuis le XVIIIe siècle avec le sens de « revenir à une vie régulière et ordonnée ».

C'est vraisemblablement le croisement des deux formes qui aurait donné « se ranger, être rangé des voitures » qui sonne si curieusement aujourd'hui à une oreille habituée au syntagme « ranger sa voiture ».

L'expression s'emploie encore aujourd'hui pour parler de quelqu'un qui, après avoir affronté pas mal de dangers et fait un nombre certain de bêtises, est rentré dans le rang, et également, sans nuance délictueuse, par plaisanterie, pour désigner quelqu'un qui n'est plus au cœur de l'action... pour cause de retraite !

« Leonardo DiCaprio se range des voitures et révèle qu'il rêve de mariage. » (*news-de-stars.com*.)

En **remettre** une couche

Cette expression, née à la fin du XXe siècle, procède d'une autre locution apparue un siècle plus tôt : « en avoir, en tenir une couche ».

Couche de peinture – comme on l'a souvent interprétée, en se fondant sur un exemple d'Henri Barbusse : « Faut-i' qu't'en tiennes une couche ! Ton père, il était peintre ! » (*Le Feu*, 1916) –, couche d'enduit, de graisse, de crasse ?

Sans doute tout cela à la fois, l'important étant de traduire l'épaisseur de la charge (on disait aussi « en tenir une dose, un sac ») qui affecte celui qui n'a pas le cerveau très délié : « Il en tient une de ces couches ! » ira-t-on jusqu'à dire sous une forme intensive.

« En remettre une couche », c'est faire preuve de la même lourdeur, du même manque de discernement, en insistant, en chargeant le trait, en revenant sur quelque chose qui a déjà été dit pour le compléter, en reprenant une question déjà traitée pour lui apporter encore des éléments jugés de nature à confirmer l'éclairage qu'on en avait donné.

« Cet après-midi, l'ex-comptable de Liliane Bettencourt en a remis une couche dans ses accusations. » (BFM TV.)

SE **RETIRER** DANS UN FROMAGE

Tout va bien pour vous si vous avez trouvé le moyen de « vous retirer dans un fromage ». Cela signifie que, comme le rat de la fable de La Fontaine qui a donné naissance à l'expression vers la fin du XIXe siècle, *Le Rat qui s'est retiré du monde*, vous jouissez d'une situation lucrative qui, en vous procurant « le vivre et le couvert », vous permettra de prospérer loin de toutes tracasseries matérielles.

Car ce « fromage », qui rend sire Rat « gros et gras », servait encore fréquemment au XXe siècle à qualifier une charge honorifique, un emploi rémunérateur, une sinécure certaine, une faveur officielle, tous avantages obtenus grâce à des relations bien placées, et par des voies pas toujours très limpides.

Hélas ! l'expression évocatrice est en perte de vitesse, puisqu'il semblerait qu'on se soit mis à lui préférer depuis quelques années l'image du « parachute doré », empruntée à l'anglais, laquelle, d'abord employée pour désigner les indemnités de licenciement exorbitantes que perçoit un chef d'entreprise au moment où il se sépare de son équipage, s'applique aujourd'hui à l'octroi d'un traitement de faveur, d'une situation matérielle particulièrement enviable.

« Mais Sigolène avait un plus grand désir d'avenir. L'éternité la tentait. Elle demanda à son papa la permission de se retirer du monde.

« — Dans un fromage de Hollande, ma fille ? » (« La vie de sainte Sigolène », *lastree.net*.)

Revoir sa copie

Maître d'école et professeur sont embusqués derrière cette locution souvent introduite par un verbe d'obligation (devoir, falloir).

Imposant la prise de conscience que quelque chose n'est pas adapté, adéquat au résultat escompté, elle invite fermement à un réexamen en profondeur, une remise en question radicale d'un problème donné.

« On était pour la reprise du travail, explique un responsable du syndicat des chauffeurs de bus, mais maintenant [après la nouvelle agression nocturne d'un bus], il va falloir revoir sa copie. » (*France Info*, 2-05-2010.)

Encore aujourd'hui très prisée dans le vocabulaire journalistique, elle s'est répandue à partir des années 1980 aux côtés d'autres expressions puisées dans le registre scolaire, telles « rendre (remettre) sa copie » au sens de « rendre public un bilan, ou les résultats d'un travail, d'une enquête », ainsi que « t'as tout faux ! » (cf. *supra*), et, célébrant directement l'heure de la récré, « jouer (passer) dans la cour des grands », qui signifie qu'on accède à un niveau supérieur, qu'on se fait admettre dans le cercle restreint des spécialistes dans un domaine, ou encore « reprendre ses billes » pour dire qu'on ne joue plus, qu'on renonce à participer à une affaire, une entreprise.

On a perdu, en revanche, « tu me la copieras ! » – qui semblait à peu de chose près équivaloir à notre joker actuel « tu m'étonnes ! » –, locution à la mode dans les années 1920, souvent gratifiée d'un prolongement burlesque, « tu me la copieras sur du papier de soie ! », lequel papier de soie faisait allusion, comme le note Duneton, « au papier cul » !

Avoir le **RIDEAU** qui colle à la fenêtre

Une expression qui s'adresse exclusivement aux filles : vous savez bien, les jours où il fait très chaud, lorsque vous êtes restées longtemps assises, cette légère petite impression adhésive que vous communique votre robe quand vous vous relevez...

Oui, c'est cela « avoir le rideau qui colle à la fenêtre » ou « les rideaux qui collent aux fenêtres », image très éloquente qui exploite encore, côté baies et ouvertures, la métaphore du corps-immeuble déjà évoquée plus haut.

Mais que les messieurs se rassurent : l'expression a son équivalent masculin, « avoir les bonbons qui collent au papier », les bonbons désignant en argot les testicules (« casser les bonbons » n'est plus très en usage aujourd'hui, mais « il est casse-bonbons » continue de s'entendre à l'égale de « casse-couilles »).

Et si vous vous offusquez de l'éclairage trop direct fourni par l'une ou l'autre de ces expressions apparues dans la deuxième moitié du XXe siècle, on ne saurait trop vous conseiller de vous reporter à l'image populaire et unisexe relevée par Oudin, en 1640, par un jour de grande chaleur : « la raie du cul lui sert de gouttière » !

« Avoir le rideau dans la fenêtre : porter un maillot de bain (ou un slip selon l'occasion) un brin trop petit, donner l'impression qu'on porte un string alors que pas du tout. Vaut également pour les filles. » (« Zeuh French Expressions », *elmanu.com*.)

Le **roi** n'est pas son cousin

Enfin une locution imagée pleine de noblesse, avec roi à la clé ! Vous auriez tort de bouder votre plaisir. D'autant que celle-ci sait de quoi elle parle puisqu'elle date du XVIIe siècle, époque où une parenté, même lointaine, avec le souverain pouvait se révéler d'un grand secours.

À côté de « le roi n'est pas son cousin », on disait aussi « le roi ne serait pas son oncle » et « le roi n'est pas son ami », toutes expressions servant à transcrire que la fierté, l'orgueil ressentis par une personne qui vient d'arracher de haute lutte un succès, une victoire, sont tels que le roi lui-même ne lui semble plus être un parent ni un ami digne de lui. Et l'expression continue d'être bien vivante aujourd'hui, même s'il vous arrive fréquemment de dire plus volontiers, piochant dans un lot de locutions de la fin du XIXe siècle, « il ne se sent plus pisser », ou « il ne se sent plus » tout court, à moins que vous ne préfériez le très actuel et incontournable « il se la pète ».

« Guillaume Gallienne : le roi n'est pas son cousin. Il avait les larmes aux yeux, G. Gallienne, lorsque Michel Drucker lui a remis son Molière de la Révélation masculine. » (Blog de *l'Express.fr*.)

S

Se **saigner** aux quatre veines

C'est Molière, par l'intermédiaire de son Harpagon à qui, en lui dérobant sa précieuse cassette, « on a coupé la gorge », qui a associé l'idée de priver quelqu'un de son argent à l'image de le vider de son sang, qu'on trouve encore dans « saigner quelqu'un à blanc », qui remonte au XVIIIe siècle, « saigner jusqu'au blanc », à savoir jusqu'à ce que le patient devienne exsangue – impression que partagent encore aujourd'hui ceux qui se voient grevés d'impôts et de taxes qu'ils jugent excessifs !

Dans le même sens, « se saigner aux quatre veines », attesté vers la fin du XIXe siècle, c'est se priver de tout, donner tout ce qu'on possède jusqu'à son dernier sou, souvent avec la nuance qu'on se sacrifie pour qu'un autre (enfant, petit-enfant...) puisse jouir d'une situation de confort, d'un bien-être qu'on n'a pas eu la chance de connaître soi-même : « Ils se sont saignés aux quatre veines pour que leur fils fasse des études supérieures. »

Mais pourquoi « quatre » veines ? À cause des « quatre » membres, comme l'avancent certains commentateurs qui attestent de l'existence de la formule « se saigner aux quatre membres » ? Par contamination de l'expression présente dès le XVIIe siècle : « se mettre en quatre », c'est-à-dire se mettre en « quartiers », qui présentait le sens proche de « faire tout son possible, se dépenser sans compter pour servir quelque chose ou quelqu'un ».

Ou bien, plus simplement, à cause du symbolisme un peu magique du quatre dans les locutions françaises (cf. « la semaine des quatre jeudis », « manger comme quatre », « partir en quatrième vitesse », etc.) ?

« Si personne n'échappe à la flambée du prix des loyers, nul n'est obligé de se saigner aux quatre veines pour acheter un lit, une table, des chaises et une bibliothèque. » (*LaDépêche.fr.*)

Rester **scotché**

Comme on a pu le voir à date récente avec « karcher » (cf. *supra*), « scotch », d'abord nom propre d'une marque déposée par la société 3M en 1945, est devenu rapidement le nom commun générique de tous les rubans adhésifs, et a donné naissance à un verbe régulier du premier groupe, « scotcher ».

Vers la fin du XXe siècle, pour transcrire l'idée d'un lien de dépendance étroite, l'impossibilité à se détacher de quelque chose, s'est imposée l'image d'y « être (*ou* d'y rester) scotché », qu'il s'agisse d'addictions technologiques (rester scotché à un écran de télévision, d'ordinateur, de console de jeux vidéo...) ou, plus largement, d'un réseau de contraintes dont on ne peut se défaire (être scotché à ses habitudes, ses horaires...).

Mais le « scotch » a surtout contribué, au cours de ces dernières années, à renouveler le champ métaphorique associé d'ordinaire à l'étonnement, la surprise, qui étaient jusqu'alors rendus par l'image d'une ouverture béante (cf. « rester bouche bée, baba »), ou de quelque chose affectant directement le corps (cf. « les bras m'en tombent », « en tomber à la renverse », « en rester sur le cul »...) : « j'en suis resté scotché », direz-vous désormais par préférence pour traduire la stupéfaction suscitée en vous par un fait auquel vous ne vous attendiez pas.

« Les jeunes, un monde mystérieux... Quel est l'intérêt de venir au cinéma pour rester scotché à son mobile ? » (*lepost.fr*.)

ÇA **SENT** LE ROUSSI !

Si l'expression jaillit de votre cuisine, il convient d'agir, vite, puisque cela signifie qu'il y a quelque chose sur le feu, quelque chose qui a commencé de prendre la teinte roussâtre et l'odeur caractéristique du plat légèrement brûlé.

En l'absence de toute marmite sur le feu, il faut néanmoins s'inquiéter, puisque « ça sent le roussi ! » signifie que la dégradation et la fin ne sont pas loin : les affaires se gâtent, les signes avant-coureurs de l'échec d'une entreprise se multiplient, la brouille ou la bagarre menacent...

Cette signification qu'a prise aujourd'hui l'expression dans ses emplois figurés diverge toutefois du sens qui était le sien à sa naissance, au début du XIXe siècle, où la locution « sentir le roussi » s'appliquait alors à une personne suspecte, dont les opinions peu orthodoxes, les mœurs louches appelaient les flammes du bûcher réservé aux hérétiques.

« Comment savoir si ça sent le roussi dans votre entreprise... En cette période de débandade économique, il vous semble humer une odeur de plan social dans l'air au sein de votre propre entreprise. À quel moment faut-il s'inquiéter, et éventuellement envisager de prendre le large ? » (*LaTribune.fr.*)

Et ta **sœur** ?

Comme on le signalait déjà plus haut en évoquant un autre lien de parenté (cf. « J'te demande pas si ta grand-mère fait du vélo ! »), l'irruption soudaine de la sœur dans la conversation constitue une façon de renvoyer un curieux à ses propres affaires, de manifester son impatience à un importun.

D'un âge plus vénérable que ladite grand-mère, puisqu'on la repère dès le milieu du XIXe siècle, elle ne s'emploie que sous cette forme interrogative directe et avec ce tutoiement, et donne généralement le coup d'envoi à un échange formulaire réglé comme du papier à musique. Question : « Et ta sœur ? », réponse : « Elle bat l'beurre ! », réponse amplifiée : « Quand

elle battra la merde, tu suceras l'bâton ! » – le beurre, convoqué ici pour la rime, correspondant à une réalité domestique (battre la crème jusqu'à la transformer en beurre) qui occupait longtemps le bras de celle qui s'y livrait, et son équivalent scatologique, la merde, suggérant les ragots dont se délecte le curieux. Mais ces réponses semblent être venues se greffer sur l'expression postérieurement.

Une chanson de Ch. Blondelet et de Courtès, créée par Mousseau en 1864, a sans doute contribué à populariser la formule : « Et ta sœur, est-elle heureuse ?/A-t-elle eu beaucoup d'enfants ?/Fait-elle toujours la gueuse/Pour la somme de trois francs ? », mais n'en constitue sans doute pas l'origine, puisque Larchey et Esnault en donnent des versions vraisemblablement antérieures, « Et ta sœur, est-elle malade ? », « Et ta sœur, est-elle toujours hydropique ? », deux emplois où la « sœur » en question désignerait, par euphémisme, soit la maîtresse (demander à quelqu'un des nouvelles de sa maîtresse constituant un excellent moyen de le renvoyer à sa vie privée), soit, dans l'argot des casernes, la prostituée.

Mais nous est-il encore possible de nous imaginer que cette formule aujourd'hui perçue comme rigolote, gentillette et un peu nunuche, à tel point qu'elle ne circule même plus dans les cours de récréation, fut autrefois une repartie audacieuse et canaille ?

« Le grand combat des censeurs est de faire interdire *Tintin au Congo* [...]. Tintin, raciste ? Et ta sœur ! » (*espritcritik.fr.*)

Se croire **sorti** de la cuisse de Jupiter

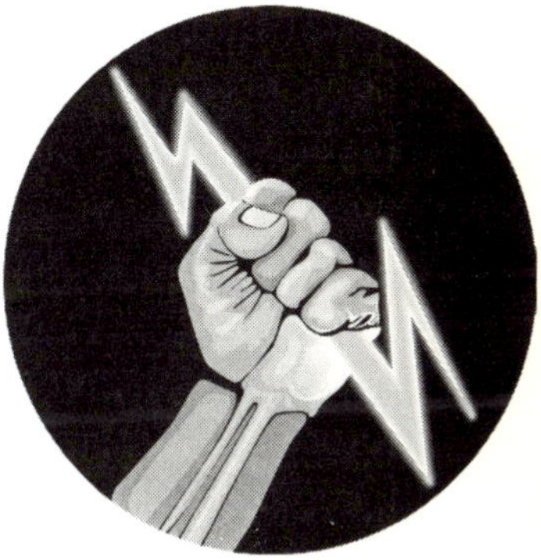

Une petite plongée dans la mythologie gréco-latine vous permettrait d'établir à quel épisode précis fait référence cette expression : il s'agit de la naissance de Dionysos (Bacchus chez les Romains) que son père Zeus (Jupiter) dut effectivement porter cousu dans sa cuisse durant trois mois, la mère de l'enfant, Sémélé, abusée par une ruse de la jalouse épouse de Zeus, Héra, ayant péri consumée par la vue de son amant.

Mais est-ce bien indispensable ? Car l'important semble plutôt ici de dessiner avec ironie la silhouette de quelqu'un qui a une si haute opinion de lui-même qu'il se figure être d'essence divine, rien moins que partie intégrante du corps du roi des dieux !

Malgré ses allures de vénérable antiquité, l'expression n'est pas très ancienne puisqu'elle n'est apparue qu'au début du XXe siècle, reprenant cependant, selon toute vraisemblance, une locution qui avait cours au XVIIe siècle « il est sorti de la côte de Charlemagne » – où se lit en filigrane la référence biblique à Ève créée à partir de la côte d'Adam – qui se disait déjà de quelqu'un estimant que rien n'était trop beau pour sa noble personne.

« [Le présentateur Benjamin Castaldi ayant remis à sa place un concurrent de l'émission *La Ferme Célébrités*] Bravo, Benji ! il est temps que quelqu'un remette à sa place ce couillon [...] qui se croit sorti de la cuisse de Jupiter et qui a le QI d'un poisson rouge. » (*staragora.com.*)

Être dans ses petits **souliers**

De même que les « autos » d'hier ont laissé place aux seules « voitures », les « souliers » se sont progressivement, en à peu près deux générations, effacés au profit des « chaussures » (voire des « shouzes » dans la bouche des plus jeunes). Mais le mot vit encore dans cette expression qui continue d'être employée avec fréquence.

Au tout début du XIXe siècle, on disait « être mal dans ses petits souliers » au sens d'être malade, puis c'est la nuance de gêne qui l'a emporté, et l'expression s'est alors concentrée en « être dans ses petits souliers ».

L'idée d'inconfort associée à des souliers trop étroits, exprimée dès le XVIIe siècle sous la forme « c'est là que le soulier me blesse » –variante du rural « c'est là que le bât blesse » – sert à matérialiser une situation embarrassante, un moment critique, tout comme son antonyme de date récente, « être bien dans ses baskets », dénote le bien-être et l'insouciance.

Il semblerait cependant que, dans ses emplois les plus récents, la petitesse ait pris le pas sur le malaise, puisque dire de quelqu'un qu'il « est dans ses petits souliers » impose désormais la vision d'une personne gênée qui se fait toute petite pour se faire oublier.

« Berlusconi dans ses petits souliers. Après avoir été très en pointe aux côtés de la Maison-Blanche, le président du Conseil italien ne se fait plus guère entendre. » (*jeuneafrique.com.*)

PAR ICI LA BONNE **SOUPE** !

Depuis le lointain Moyen Âge où le mot désignait une tranche de pain que l'on arrosait de bouillon (cf. l'expression « être trempé comme une soupe »), la soupe est ce qu'on met à bouillir dans sa marmite, ce qui nourrit et assure l'essentiel de la subsistance. De là, on est passé métaphoriquement à l'idée de gain, et la locution « par ici la bonne soupe ! », apparue au milieu du XXe siècle, s'est appliquée à une situation où un profit est à escompter, un bénéfice à engranger. L'évocation familière de la « bonne soupe » suggère la vision douillette de quelqu'un bien au chaud, qui n'a d'autre mal à se donner qu'à se servir à satiété, qu'à encaisser les dividendes d'une opération juteuse.

Bref, dans tout contexte où il y a du profit dans l'air, la locution imagée peut s'accoler avec souplesse, suggérant ironiquement, par sa forme impersonnelle et exclamative, que les profiteurs de tout poil ne vont pas tarder à déferler !

« Par ici la bonne soupe ! Les bourses s'effondrent. Il va y avoir de très bonnes affaires à réaliser, car, dans la panique, les traders ne regardent plus les fondamentaux. » (*authueil.org*.)

T

Tailler des croupières

Voilà une expression que vous avez entendue cent fois en vous demandant sur quelle image elle pouvait bien être fondée. Allez, un petit indice : dans « croupière » il y a « croupe »...

Les croupières désignent, en fait, les longes de cuir attachées à la selle que l'on passe sur la croupe, puis sous la queue du cheval pour assujettir la selle, et « tailler des croupières à quelqu'un », à son sens propre, appartient au registre militaire, guerrier, puisqu'il désigne l'action de poursuivre à cheval, l'épée en main, un cavalier en fuite, de si près qu'on peut couper les croupières de son cheval.

Dès le XVIIe siècle, la locution s'est employée au figuré, avec le sens de « malmener quelqu'un avec véhémence, lui susciter des ennuis, faire obstacle à ses projets », l'auteur de l'action étant, par rapport à celui qui la subit, dans une position de force analogue à celle du guerrier qui, en taillant les croupières de sa monture, désarçonnait le fuyard et le réduisait à sa merci.

« Nokia veut tailler des croupières à Apple. »

(*Lavienumérique.com*.)

Tailler un short

Il y a le short qui se taille au sens propre et le short qui se taille au sens figuré : dans le premier emploi, vous portez atteinte à l'intégrité physique d'une personne et dans le second, à son intégrité morale, à sa réputation.

Car « tailler un short à quelqu'un », c'est le frôler avec sa voiture de si près qu'on lui en emporte une partie du pantalon ! La partie arrachée était moindre à l'origine, puisque, rappellent Bernet et Rézeau, on a dit d'abord, dans les années 1960, « tailler un panty » (sous-vêtement féminin comparable à un bermuda court, très ajusté et bordé de dentelle, qu'on laissait deviner sous sa robe).

L'expression est surtout employée sous forme de mise en garde (« Fais gaffe à ne pas te faire tailler un short en traversant ! ») ou pour dire son soulagement à l'accident évité de justesse (« J'ai failli me faire tailler un short en traversant »).

Apparu un peu plus tard, le sens figuré semble s'être calqué sur l'expression « tailler un costard » qui existe depuis le milieu du XXe siècle. En changeant de pièce de vêtement, l'idée d'adapter au plus juste ses paroles, de faire du « sur-mesure », est demeurée identique : dire du mal de quelqu'un, le critiquer, porter atteinte à son image, pas forcément *in absentia*, puisqu'on peut dire « il m'a taillé un de ces shorts ! », avec l'idée de ne pas avoir été ménagé, d'avoir été dénigré pleinement et ouvertement.

« Anne Roumanoff est déchaînée, Sarko et Carla se font tailler un short. » (Blog, *plouceur.com*.)

S'en **tamponner** le coquillard

Coquille, coquillage, coquillard ? proposez-vous. Certes, mais ne vous égarez pas trop longtemps sur cette plage, et laissez-vous plutôt guider par le suffixe -ard, qui vous ramènera à une réalité nettement plus péjorative (cf. franchouillard, smicard, vicelard, etc.).

Car c'est bien du côté de l'argot qu'il faut chercher l'explication de cette locution apparue vers la fin du XIXe siècle, puisque, tout comme la coquille déjà à date ancienne, le « coquillard » (on trouve aussi l'expression attestée avec le « coquard »), désigne l'œil et, comme l'œil lui-même, a pris le sens obscène d'anus ou d'organe sexuel.

« S'en tamponner le coquillard » serait donc l'équivalent exact de « s'en battre l'œil » déjà évoqué plus haut (cf. « s'en battre les couilles »), s'en moquer, s'en foutre, « tamponner » faisant référence, dans un registre scatologique, à l'idée de boucher, d'essuyer avec un tampon... Le verbe étant suffisamment éloquent, il arrive d'ailleurs souvent qu'on s'en contente, en évacuant ce mystérieux « coquillard » qu'on ne comprend plus guère : « Moi, j'm'en tamponne ! »

« Le pire dans cette affaire est de voir ces «grosses têtes» [de l'équipe de France] se tamponner royalement le coquillard des supporters qui ont fait ce déplacement pour les soutenir. » (*le10sport.com*.)

Se **taper** des barres

Une locution toute récente, puisque vous avez assisté à sa naissance il y a quelques courtes années dans la bouche des adolescents que vous côtoyiez, avant de la voir se répandre de façon épidémique dans le langage de tous. Pour ceux, néanmoins, qui auraient raté le phénomène : « se taper une barre ou, plus fréquemment, « des barres » voire, avec un usage de l'adjectif à des fins intensives « se taper une sale barre », « se taper des vieilles barres », c'est bien se marrer, se taper une bonne rigolade, se tordre de rire.

Mais comment des « barres » en sont-elles venues à symboliser le rire ? Soumis à la question, de jeunes informateurs ont livré deux réponses possibles. Ou bien l'expression se fonderait sur l'adjectif « barré » qui désigne quelqu'un d'un peu fou, d'original et rigolo, d'où proviendrait le sens de rigolade prêté au mot « barre », ou bien il s'agirait plutôt d'une allusion aux joies des paradis artificiels, puisque l'expression signifierait, dans le vocabulaire des drogués, « se faire des lignes de cocaïne »...

« Voici la vidéo de déballage d'un circuit de F1 que j'ai ressortie de la cave [...] Autant vous dire qu'il y a de quoi se taper des barres avec ses potes en soirée, et passer des moments épiques. » (*deballer.com*.)

C'est la **tarte** à la crème !

Ce n'est pas du côté de l'image du gâteau-projectile qui vous est devenue si familière qu'il faut rechercher l'origine de cette locution, mais plutôt du théâtre de Molière, et plus exactement de ses deux comédies, *L'École des femmes*, et *La Critique de l'école des femmes*, datées respectivement de 1662 et 1663.

L'expression apparaît, en effet, dans la première, lorsque le vieil Arnolphe, brossant le portrait de la femme idéale, avance qu'il la désirerait ignorante des usages des salons, et en particulier de l'art raffiné de la rime, de sorte que, si elle jouait au jeu du corbillon (où il s'agissait de trouver une rime en -on), il voudrait « qu'elle réponde : une tarte à la crème » !

Tarte à la crème servie en abondance dans la seconde pièce (où les personnages se livrent dans un salon à la critique en règle de la première qu'ils viennent de voir jouer), par la bouche du sot et prétentieux marquis, qui use de cette scie en lieu et place de tout argument que ses interlocuteurs sollicitent de lui.

C'est donc de cette « tarte à la crème » qui, dans une conversation, comme le résume Élise, « bourre de la belle manière » sans délivrer de sens, qu'on aurait hérité en droite ligne, et « c'est la tarte à la crème » est devenu depuis lors l'expression consacrée pour parler d'un lieu commun, cent fois rebattu, qu'on vous ressert chaque fois que l'occasion s'en présente.

« Alors que tout le monde attend avec impatience des voitures électriques, Christian Streiff, le président du groupe PSA Peugeot-Citroën, affirme haut et fort : « La voiture électrique, c'est un peu la tarte à la crème. » (*tribune-orléans.fr*.)

Ce n'est pas ma **tasse** de thé

Voilà une locution qui présente le double avantage non négligeable d'être à la fois très bien élevée et d'une grande franchise.

Calquée sur l'anglais *it is not my cup of tea*, elle a été introduite en France dans les dernières décennies du XXe siècle, et vous permet d'afficher vos goûts et préférences sans risquer de froisser votre interlocuteur. Les puristes la donneront directement en VO, mais, même proférée en français, elle aura toujours autrement plus d'allure que des formules équivalentes : « c'est pas mon truc, c'est pas mon trip, c'est pas mon rayon ».

Grâce à elle, avec un tact tout britannique, et une pointe d'accent snob (veillez à bien prononcer la négation tout entière, sans l'estropier : « ce n'est pas... »), vous signifierez à cet ami qui vous rebat les oreilles depuis une demi-heure avec des histoires de football que vous vous sentez aussi peu concerné et intéressé par ses propos que vous le seriez par une tasse de thé qui ne serait pas la vôtre !

« Normalement, la grossesse n'est que joie et bonheur. Quelle chance d'être une femme et de pouvoir porter son enfant ! Bof. Franchement, la grossesse n'est pas ma tasse de thé. » (*nectardunet.com*.)

Au **temps** pour moi !

Il y a les partisans de « au temps pour moi ! », et les partisans de « autant pour moi ! » Tous campent sur leur irréductible position, sûrs, autant les uns que les autres, d'avoir raison.

Les premiers, prenant appui sur la définition de l'expression fournie par l'Académie française, invoquent une origine militaire (qu'ils relèvent aussi sous sa forme italienne, *al tempo* !) et citent l'injonction « au temps pour les crosses ! » qui signifiait que, le bruit des crosses n'ayant pas été synchrone, les soldats devaient revenir au temps précédent, recommencer la manœuvre de maniement des armes. À partir de cette idée de reprise d'un mouvement à son début, on aurait cheminé jusqu'au sens figuré porté par la locution « au temps pour moi ! » de reconnaître son erreur et de suggérer qu'on va reconsidérer une question.

Pas du tout ! rétorquent les tenants de la thèse « autant pour moi ! », qui justifient la présence de l'adverbe de plusieurs façons. « Je reconnais que je me suis trompé, que je peux faire autant d'erreurs que n'importe qui » : voilà quel est le sens réel de l'expression, qui ne met pas en œuvre l'annonce d'un recommencement, mais signifie qu'on fait amende honorable. Plus qu'un simple mea-culpa, l'expression manifesterait donc qu'on fait son autocritique, de la même façon qu'on dit couramment à quelqu'un qui nous accable de critiques et de reproches : « J'en ai autant à ton service ! »

Et de citer, pour étayer leur argumentation, l'expression anglaise de sens proche *so much for*, ainsi que la locution relevée par Oudin en 1640, qui en serait peut-être l'ancêtre : « autant pour le brodeur », définie comme « raillerie pour ne pas approuver ce que l'on dit ». Mais pour ce qui est du moment où se serait formée la version moderne de l'expression, on doit bien avouer qu'on est, autant que dans le camp adverse, dans l'impossibilité de proposer une datation précise.

Au cours de ces dernières années, la première graphie, quoiqu'elle ait la caution des Immortels, semble avoir perdu beaucoup de terrain au profit de la seconde, jugée moins alambiquée. Et vous, dans quel camp vous situez-vous ?

« Autant pour moi ! Dans ma précipitation à vouloir te répondre, je crois que mes souvenirs se sont quelque peu emmêlés. En effet, les « rochers mariés » ne se trouvent absolument pas à Hakone, mais dans la baie d'Isé. » (*routard.com/forum*.)

Il n'y a pas à **tortiller** !

C'est l'expression, franche et sans appel, qui vous vient naturellement aux lèvres face à quelqu'un qui discute, hésite, renâcle à accomplir ce qui doit être fait, tergiverse de mille façons.

À partir du sens premier du verbe « tortiller » qui désigne l'action répétée de tordre une chose d'un côté puis de l'autre, on est passé, dès le milieu du XVIIe siècle, avec l'expression « tortiller sa pensée », à l'idée de chercher des détours, des subterfuges, sens qui a prévalu dans la locution apparue au milieu du XVIIIe siècle, « il n'y a pas à tortiller ». Mais l'aventure de l'expression ne s'arrête pas là, puisqu'elle connaîtra, au siècle suivant, des prolongements physiques très explicites.

En effet, sous l'influence des locutions « tortiller des fesses, du cul » employées depuis le XVIIe siècle au sens propre pour signifier « se dandiner », « se déhancher », l'expression, traduisant plus précisément encore le mouvement de balancement de celui qui hésite, s'est muée en « il n'y a pas à tortiller des fesses, ou du cul ».

Et, sur cette base nouvelle, on a forgé au début du XXe siècle, dans le louable souci de faire mieux encore ressortir l'inadéquation du tortillement par rapport à la rectitude du but à atteindre : « y a pas à tortiller du cul pour chier droit » qui peut à son tour être nuancée d'une touche d'adresse, « y a pas à tortiller du cul pour chier droit dans une bouteille » ou (plus rare, mais non moins difficile) « dans un verre de lampe » !

« Il m'a dit "n'avance pas !/Si tu bouges, t'es mort"/J'aurais pas dû bouger/Maintenant, je suis mort/Dans la vie, mon p'tit gars/Y a pas à tortiller/Y a rien de plus dangereux/Que de se faire tuer. » (*C'est mon dernier bal*, chanson de Renaud.)

Tourner autour du pot

L'expression est ancienne puisqu'on la repère dès le XVe siècle, pour exprimer l'idée de tergiverser, de ne pas se décider à faire quelque chose. Il semble cependant que, depuis la définition qu'en donne Oudin, en 1640, « ne pas faire franchement, estre irrésolu, avoir de la peine à dire clairement une chose », la notion de maladresse, de flottement ait disparu de la locution qui dessine plutôt désormais les contours de quelqu'un

d'habile, sournois, qui vous promène en paroles et circonlocutions pour endormir votre méfiance avant que d'aborder le sujet qui lui tient à cœur.

Pot au lait de Perrette, pot de terre et pot de fer, pot de vin ou pot de chambre... : ce ne sont pas les pots qui ont manqué au cours des siècles, mais on s'accorde généralement à penser que celui-ci désigne la marmite où l'on mettait la viande à bouillir (cf. le « pot au feu »), et Littré explique concrètement l'expression par « tourner autour de la marmite dans l'espérance d'en avoir quelque lopin ». De là, le sens d'« essayer d'obtenir quelque avantage » qu'a eu également l'expression jusqu'au XXe siècle, sens aujourd'hui disparu, mais dont on retrouve la trace dans la temporisation de celui qui « tourne autour du pot » pour mieux se ménager les bonnes grâces de son auditoire avant de livrer le fond de sa pensée.

« Je ne vais pas tourner autour du pot et je vais aller droit au but. J'ai honte et je m'en mords les doigts maintenant : je n'ai rien foutu pendant toute l'année ! » (*orientation.fr*.)

U

Un peu, mon neveu !

Vous la jureriez surgie de la gouaille faubourienne du XXe siècle, mais l'expression était déjà présente au début du XIXe siècle, et Littré la relève comme une forme populaire « pour la rime », de l'« affirmation dédaigneuse » « un peu ! » qui s'emploie par antiphrase au sens de beaucoup.

Cette locution, qui croise deux séries d'expressions qu'on a déjà eu l'occasion de rencontrer plus haut, les exclamations assonantes (« tu l'as dit, bouffi ! », « tu parles, Charles ! », « tout juste, Auguste ! », « à la tienne, Étienne ! », etc.) et les invocations familiales (« et ta sœur ? », « j'te demande pas si ta grand-mère fait du vélo ! »), sert, en effet, d'acquiescement aux paroles de quelqu'un, en suggérant avec ironie que la réponse à la question posée est si évidente, patente, que le questionneur, en faisant preuve d'un soupçon de discernement, aurait presque pu s'en dispenser.

Elle a connu sa période de gloire vers le milieu du XXe siècle (où le neveu était aussi de mise dans une autre repartie familière : « les deux, mon neveu ! »), et elle s'emploie encore aujourd'hui, assortie d'un ton humoristique appuyé qui accuse son côté un peu rétro, même si on lui préfère souvent d'autres ponctuations orales porteuses de nuances approchantes : « et comment ! », « ben, tiens ! », « je veux ! », et, incontestable vainqueur des deux dernières décennies, « c'est clair ! »

« Tout a commencé il y a quelques jours par un échange de mails :

« Lui : — Ça t'intéresse, le Mont-Blanc ?

« Moi : — Un peu, mon neveu, on part quand ? » (Blog, *l-tz.com.*)

USER SES FONDS DE CULOTTE

En voilà une qui pourrait aller compléter votre palette d'expressions scolaires, aux côtés de « revoir sa copie » ou « jouer dans la cour des grands »...

Rey et Chantreau en rétablissent la forme complète : « user ses fonds de culotte sur les bancs de l'école » (ou du collège, ou du lycée, voire, en dépit du côté enfantin de l'image, de l'université) et en livrent la traduction : « être à l'école ». Certes, mais en tellement plus évocateur !

Par la métaphore des culottes (à interpréter ici autant comme culotte féminine que comme culotte courte des écoliers) usées par un frotte-

ment répété, l'expression, dans le même temps qu'elle impose l'idée de durée, donne à voir en un clin d'œil la salle de classe tout entière : les gesticulations des voisins, le bois des bureaux où l'on grave patiemment des cœurs avec des initiales, la poudre de craie qui se dépose partout, les radiateurs du fond...

Tout cela vous saisit brièvement lorsque votre interlocuteur vous dit « C'est ici que j'ai usé mes fonds de culotte » en vous montrant l'école qu'il a fréquentée dans son enfance.

Mais surtout : cette expression, qui n'est pas neuve, est devenue, depuis la fin du XXe siècle, la formule incontournable utilisée pour présenter l'un ou l'une de ses anciens (-ennes) condisciples : « On a usé nos fonds de culotte ensemble. »

« Pour sa première rentrée, Jean de Boishue, secrétaire d'État à l'Enseignement supérieur, va aller user ses fonds de culotte non pas sur les bancs d'un quelconque amphi, mais sur ceux de la 17e chambre correctionnelle de Paris. » (*Libération.fr*.)

V

ÇA **VAUT** PAS...

Dans les évaluations et pesées des choses que vous effectuez à tout instant, les locutions populaires vous fournissent une échelle de valeurs subtilement graduée. Ainsi, voulez-vous dire que quelque chose ne vous paraît pas mériter qu'on s'y arrête à cause de son peu de valeur que vous n'aurez que l'embarras du choix pour la formule à employer.

Si vous raisonnez en espèces sonnantes et trébuchantes : « ça vaut pas un liard », « ça vaut pas un carolus », « ça vaut pas un sou », pièces de monnaie depuis plus ou moins longtemps hors d'usage, mais dont on devine qu'elles ne rendaient pas riche leur possesseur. En gardant l'idée de ferraille, vous pouvez également dire : « ça ne vaut pas un clou » qui fait suite à la formule ancienne, plus explicite encore : « ça ne vaut pas un clou à soufflet » par allusion aux petits clous ornant l'instrument qui sert à faire du... vent.

Si vous êtes l'ami des bêtes, vous direz plutôt : « ça vaut pas un pet de lapin ! » apparu à la fin du XIXe siècle en écho à « ça ne vaut pas un pet de coucou ! » qui avait cours dès la fin du XVIIIe siècle – et semble faire un retour remarqué, puisque Bernet et Rézeau l'ont noté parmi leurs expressions quotidiennes actuellement en usage, et ils rappellent, daté du XVIIIe siècle, « ça ne vaut pas le pet d'un âne mort ».

Toujours daté du XVIIIe siècle, et cette fois-ci carrément impossible parce que non attribué au bon animal, « ça ne vaut pas les quatre fers d'un chien ».

Enfin, si vous versez plutôt dans le registre végétal (voire alimentaire), vous direz : « ça vaut pas un trognon de chou », qui transcrit quelque chose d'inconsommable, de négligeable, depuis le XVIe siècle, ou « ça ne vaut pas un fifrelin », de l'allemand *Pfifferling*, un petit champignon, ou encore « ça ne vaut pas une queue de cerise », ou, beaucoup plus récent, apparu vers la fin du XXe siècle, « ça ne vaut pas une cacahuète ». À moins que vous ne préfériez, comme au XVIIIe siècle, parler en termes de tripes, abats présentés sous leur forme diminutive : « ça ne vaut pas tripette ».

« Daniel Vaillant, l'homme de paille de Jospin, à propos du livre qui déglingue son copain : «Ça ne vaut pas un pet de lapin. Ça fera un bide". » (Brèves, *marianne2.fr*.)

Parce que je le **vaux** bien !

Cela vous rappelle quelque chose ? Le cri de défi d'une jolie fille bien maquillée qui rejette sa chevelure vers l'arrière en vous regardant bien droit dans les yeux d'un air conquérant, par exemple ?

Slogan publicitaire lancé par la marque L'Oréal vers la fin du XXe siècle, l'exclamation, bientôt déclinée à toutes les personnes (parce que tu le vaux bien ! parce que nous le valons bien ! etc.), a désormais rejoint le lot des expressions orales les plus prisées de ce début de siècle. C'est l'impératif catégorique kantien passé à la moulinette de la société de consommation : insidieusement, on vous suggère que non seulement vous pouvez faire cette chose (vous en avez les moyens, l'âge, le physique...) mais, bien plus, vous devez la faire afin de poser votre vraie identité ! Il y a, dans le filigrane de cette expression, quelqu'un qui se sent imposer un joug (réel ou imaginaire) et choisit de secouer ses chaînes, en décidant, pour clamer haut et fort sa valeur intrinsèque, que tel ou tel bien matériel enviable (bijoux, sorties, voyages...) lui est dû. Une sorte d'affirmation de soi qui serait mesurée à l'aune de l'aptitude dont on ferait preuve à accumuler des choses d'un prix estimable...

Affirmation qui serait pathétique si elle n'était employée aujourd'hui au second degré, sauvée par le ton humoristique, ironique, sur lequel elle est lancée, assortie même parfois de l'œillade conquérante et du geste de rejeter sa crinière vers l'arrière !

« Hammam, la volupté parce que je le vaux bien ! » (Avis sur le Hammam Pacha de Saint-Denis, *ciao.fr*.)

Comme la **vérole** sur le bas clergé

Au vu des termes aujourd'hui si peu familiers qui la composent : vérole, bas(-)clergé (avec ou sans trait d'union selon les auteurs), vous seriez prêt à gager que cette comparaison remonte au moins à l'Ancien Régime. Et pourtant...

« Buveurs très illustres et vous, vérolés très précieux (car à vous, non à autres, sont dédiés mes écrits) » invoque le prologue du *Gargantua* de Rabelais. Depuis le XVIe siècle, la vérole, la petite vérole, que les Français appelaient aussi « la maladie de Naples » (et les Napolitains, « le mal français »), désigne la syphilis, maladie vénérienne très contagieuse qui pouvait se révéler mortelle (Lénine, Baudelaire, Maupassant, Gauguin...). Dire d'une chose qu'elle s'abat (ou avec un autre verbe transcrivant un assaut brutal : qu'elle se rue, se jette, saute, tombe, se précipite) comme la vérole suggère un mouvement aussi rapide, étendu et irrépressible qu'une épidémie.

La faire fondre sur les prêtres et vicaires de petite condition revient à dénoncer avec virulence, ne pourra-t-on éviter de dire, les mœurs corrompues des hommes d'Église, dont on va jusqu'à préciser les traits par un adjectif d'appartenance nationale ou, postérieurement, régional : « comme la vérole sur le bas clergé espagnol, breton ». On pourrait se perdre en conjectures sur le choix des deux adjectifs (espagnol, parce que ça rime avec vérole ? breton, à cause du nombre élevé de curés de campagne qui officiaient en Bretagne ?).

Ce dont on est sûr, en tout cas, c'est que l'expression, en dépit des apparences, ne remonte pas très loin : Colin la date du milieu du XXe siècle – la « vérole » signifiant couramment en argot un ennui, un souci : « quelle vérole ! » –, et elle n'est probablement qu'une reformulation de locutions antérieures, telles que « comme la misère sur le pauvre monde », ou « comme la pauvreté sur le monde ».

Une dynamisation nouvelle de l'image qui n'a fini de faire parler d'elle, à en juger par la force de propagation dont elle fait preuve depuis quelques années et par l'engouement que suscite sa cocasserie chez les locuteurs (« J'adore cette expression ! » confient fréquemment des internautes).

« Dans le *Elle* de cette semaine, un article intitulé « Trouver (enfin) son fond de teint ! » Natürlich, je me jette dessus comme la vérole sur le bas clergé breton. » (*monblogdefille.com*.)

VOIR LA LUNE EN PLEIN JOUR

Voilà une périphrase pudique en passe de devenir de plus en plus désuète à une époque où le mot cru fait grassement recette.

Par analogie de forme, la lune, la pleine lune, a d'abord symbolisé, au XVIIe siècle, un visage plein et joufflu, avant de migrer, au XIXe siècle, vers un autre endroit charnu de notre anatomie : le derrière. C'est de cette image qu'est née l'expression « voir la lune en plein jour » qui signifie « voir le derrière nu de quelqu'un ». On ne trouverait rien à y redire, si l'expression n'existait déjà depuis longtemps, mais avec un tout autre sens ! En effet, « faire voir la lune en plein jour *ou* en plein midi », par le biais de l'antinomie lune-jour, désignait le fait de faire accroire des choses invraisemblables, des choses qui sont un défi au bon sens.

C'est la face cachée de la lune qui l'a finalement emporté, mais il reste sans doute une petite trace du sens perdu de la locution dans l'inouï spectacle que suppose la vue d'une telle lune dans la pleine clarté...

« Je fus la seule à descendre du métro à cette station. Enfin, je le croyais [...]. Puis soudain, au pied de l'escalier, quelqu'un me dépassa vivement : un homme qui gravit les marches rapidement [...]. Je le vis s'arrêter tout en haut des marches et baisser son froc. La lune en plein jour, une paire de fesses blanches, me fit stopper net mon ascension. » (*bellesplumes.blogs.courrierinternational.com.*)

Voir venir quelqu'un avec ses gros sabots

C'est la formule que vous pourriez décocher à celui qui n'en finit pas de « tourner autour du pot » croisé un peu plus haut : « J'te vois venir avec tes gros sabots ! »

Étant donné le bruit que font des sabots de bois, on attendrait plutôt « entendre » que « voir », comme en font la remarque certains commentateurs. D'autant plus que la forme la plus ancienne de l'expression, relevée en 1640 par Oudin, était : « Je vous

entends venir, vous avez des sabots chaussés » qui signifiait « Je comprends ce que vous avez dessein de me dire ». Toutefois, vers le milieu du XIXe siècle, au moment où il semblerait que la locution se soit répandue dans le langage familier, on disait couramment « voir venir quelqu'un » au sens de « deviner ses intentions ».
Cela explique sans doute que de l'ouïe on soit passé à la vue, l'expression « voir venir... » mettant en relief la démarche lourde, maladroite, empruntée et reconnaissable de très loin, que confèrent des « gros sabots ». D'où, au sens figuré, la nuance qu'a prise l'expression d'une conduite aux ressorts évidents, d'un comportement grossier et prévisible.

« Je vous vois d'ici venir avec vos gros sabots, vous êtes en train de vous dire : comment peut-on imaginer la blogosphère francophone comme des femmes en entreprise ? » (*skullpat.com.*)

Tu l'as **voulu**, George Dandin !

L'exclamation peut être datée avec précision de 1668, mais son succès en tant que repartie familière ne semble pas antérieur au XIXe siècle. Si vous avez tant soit peu fréquenté Molière, le nom propre cité dans cette locution vous évoque sans doute une comédie-ballet en trois actes, amère, implacable, où les désirs d'élévation et de grandeur d'une bourgeoisie flambant neuve sont plus férocement que jamais tournés en dérision par une noblesse hypocrite et triomphante : *George Dandin ou le Mari confondu.*

« Vous l'avez voulu, vous l'avez voulu, George Dandin, vous l'avez voulu [...] vous avez justement ce que vous méritez » : tels sont les reproches que s'adresse à lui-même George Dandin, méprisé par ses beaux-parents qui le rappellent sans cesse à sa condition de paysan enrichi et trompé par sa femme avec un gentilhomme du voisinage. Faute de pouvoir prouver cette liaison, il lui faudra encore subir l'humiliation de faire des excuses à son épouse, pour l'avoir seulement soupçonnée...

Du vouvoiement d'origine, l'expression est passée au plus intime tutoiement et ne s'emploie pas comme chez Molière réflexivement, mais à l'adresse d'une personne dont on pense qu'elle a bien cherché les ennuis qui lui arrivent.

Mais, sans doute à cause de ce « George Dandin » qu'on peine à situer aujourd'hui, l'expression s'entend de moins en moins, ou alors de préférence sous sa forme tronquée : « tu l'as voulu ! »

« Comment fais-tu pour vivre dans une ville où l'on ne se balade pas l'hiver ? [...] Je pensais à toi ce matin, au Luxembourg. Pauvre elle ! me disais-je. Mais je ne vais pas perpétuellement te plaindre. Tu l'as voulu, George Dandin ! » (*uer.uqam.ca.*)

NI **VU** NI CONNU !

C'est l'antithèse de ce qui se fait, en vertu de la locution datant du XVIe siècle, « au vu et au su de » tous. C'est le cri, mi-soulagé, mi-triomphant, de celui qui a réussi à mener ses actions plus ou moins douteuses jusqu'à leur achèvement sans être pris sur le fait par un témoin. Le tour de prestidigitation va même plus loin, puisque l'expression apparue à la fin du XVIIIe siècle connaît l'amplification « j't'embrouille ! », où un interlocuteur imaginaire, invoqué à la deuxième personne, est lui aussi donné d'avance comme la victime de l'esbroufe et la ruse de l'auteur de la formule.

Cette expression de la mystification, « ni vu ni connu, j't'embrouille ! », qui campe un petit resquilleur, un magouilleur sans envergure prêt à brouiller les cartes au cas où quelqu'un viendrait à lui demander des comptes, est celle qui vous vient spontanément aux lèvres aujourd'hui, sur le ton de la fausse bonhomie, lorsque quelqu'un vous surprend en train de perpétrer une indélicatesse, de commettre un geste qui, sans être grave, n'est ni très licite ni très élégant (lâcher votre chien sous une pancarte « chiens tenus en laisse », vous resservir d'un plat avant que tous les convives n'en aient eu leur part, etc.).

Comme si, en faisant appel à ses propres instincts fraudeurs, vous cherchiez à faire cause commune avec l'autre, à l'associer à votre geste...

« De fait, les Français n'y croient plus, et ne font plus la différence entre l'objectivité et le «ni vu ni connu je t'embrouille» de la communication. » (Commentaires, *LeFigaro.fr*.)

W

ÉLÉMENTAIRE, MON CHER **WATSON** !

Une formule qui a connu une réussite si retentissante que, comme vous avez pu le vérifier à maintes reprises, elle peut même être utilisée par des personnes qui n'ont pas la moindre certitude sur l'identité de ce « cher Watson » !

Lequel, bien sûr, pour ne pas faire injure aux lecteurs de sir Arthur Conan Doyle, est le docteur acolyte de Sherlock Holmes, et auquel le célèbre détective créé en 1887 lancerait cette réplique, lorsqu'il parvient enfin à dénouer les fils emmêlés d'une intrigue policière. Mais tout se complique lorsqu'on se réfère aux textes, puisque, s'il arrive bien à Sherlock Holmes de s'exclamer « Élémentaire ! » (dans le premier chapitre du *Chien des Baskerville*, par exemple) et d'appeler de temps à autre son ami « Mon cher Watson », nulle part on ne trouvera trace de la phrase exclamative qui réunirait les deux ! Et il nous faut donc supposer que, par un tour de passe-passe que n'eût pas désavoué le brillant détective, l'expression aurait vraisemblablement été créée plus tard, peut-être tout exprès pour les besoins du film *Le Retour de Sherlock Holmes*, en 1929.

« E=mc2 ? que signifie cette formule célèbre de la physique ? Élémentaire, mon cher Watson ! » (*Union des professeurs de physique et de chimie d'Auvergne*.)

Y

Faire des **yeux** de merlan frit

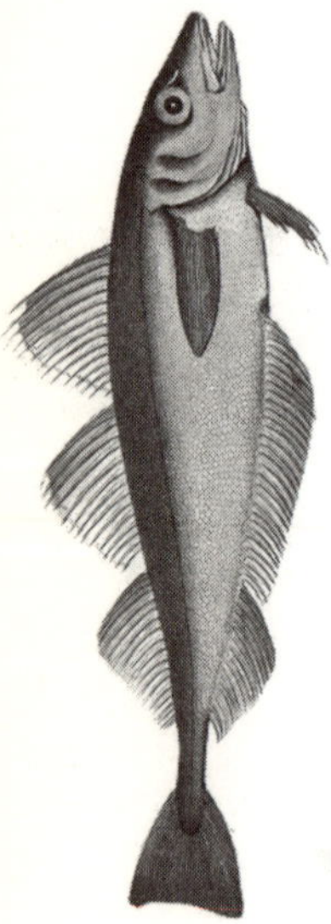

Vous vous représentez le corps longiligne du merlan tout enveloppé dans sa robe craquante de friture, épousant l'arrondi de votre assiette ? Et les yeux qu'il vous fait, vous les voyez ?

Eh bien, remplacez-le par une carpe, grande et grasse, et vous tiendrez l'origine de l'expression ! « Faire des yeux de carpe frite » se disait, en effet, dès le XVIIIe siècle, avec le sens de faire des yeux doux, rouler de gros yeux tendres, lancer des regards enamourés à l'objet de sa flamme. Des yeux, donc, qu'ils soient de carpe ou de merlan, ronds comme des billes, et rendus blancs par la cuisson, parfaitement vides à force d'être blancs, inexpressifs. Et en même temps, aussi blancs que des yeux chavirés par l'extase, la pâmoison.

Cette distorsion comique entre la noblesse des sentiments de l'amoureux et l'image du merlan cuit couché sur son assiette assure le succès de cette locution depuis son apparition vers la fin du XIXe siècle, et l'expression reste encore aujourd'hui indépassable en dépit des efforts d'un autre animal aquatique pour la supplanter : cf. « faire des yeux de crapaud mort d'amour » apparu vers le milieu du XXe siècle.

« Est-ce par sadisme ou faute de mieux qu'on a cette fâcheuse tendance à jouer au yoyo avec un ex qui nous regarde avec des yeux de merlan frit ? Allez savoir... » (*auféminin.com*.)

Yoyoter de la toiture

Vous diriez assurément plus volontiers aujourd'hui de quelqu'un qui vous semble ne plus agir avec toute sa raison qu'il est « ouf » (fou, en verlan) ou « barré », plutôt qu'il « yoyote de la toiture ».

Née dans le sillage de la mode du yoyo – que certains journaux, pour marquer qu'il s'agit du nom d'une marque déposée en 1932, continuent d'orthographier « Yo-Yo » –, l'expression s'est imposée vers le milieu du XXe siècle pour transcrire en termes ludiques l'idée d'une folie douce, sans gravité, qui s'apparente davantage à l'excentricité qu'aux troubles psychiatriques.

On retrouve ici l'image déjà rencontrée plus haut de la tête qui culmine tout en haut de l'édifice du corps, puisqu'on peut dire « yoyoter de la toiture *ou* de la mansarde » pour désigner le crâne. Mais on peut aussi, par métonymie, « yoyoter de la touffe » (la « touffe » désignant ici la chevelure), ou même de la cafetière (« tête », en argot) ! Ce qui importe, finalement, c'est le mouvement de va-et-vient du yoyo, monter, descendre, monter, descendre, aussi régulier et insaisissable qu'un esprit dérangé, cette image d'alternance de hauts et de bas étant aussi présente dans une variante de l'expression également courante au XXe siècle, « onduler de la toiture ».

Quant au verbe « yoyoter », il semblerait qu'on lui préfère désormais les locutions « jouer au yoyo », « faire du yoyo » ou « c'est l'effet yoyo », qui s'emploient au sens figuré dans deux domaines de prédilection : les hausses et les baisses des mouvements boursiers et les régimes qui font alterner perte et prise de poids.

« — Vingt-huit euros pour une place de concert, est-ce un prix acceptable ?

« — Tu yoyotes sec de la touffe, mon gars ! » (*tryo.com*.)

Z

Vous ici ! Je vous croyais au **zoo** !

Si vous n'entendez pas au moins trois « z » dans cette locution, relisez-la à voix haute en faisant bien sonner toutes ses liaisons. Vous z-y êtes ?

Car ce sont véritablement les allitérations qui fondent cette formule apparue vers le milieu du XXe siècle, ce sont elles qui traduisent votre étonnement, votre stupéfaction à rencontrer cette personne que vous croyiez z-ailleurs. Alors, peu importe l'interprétation qui sera donnée à la lettre : je vous croyais au zoo, je vous croyais aux eaux (*id est* en train de prendre les eaux, de faire une cure) ou je vous croyais zozo (un sale type), l'essentiel est que l'esprit burlesque, la cocasserie du vire-langue et de la comptine réunis soient bien au rendez-vous. Des zézaiements qui séduisirent infailliblement un spécialiste de la chanson humoristique comme Fernandel : « Je vais au zoo avec Zizi/Et l'on s'promène au ralenti... »

« — Si Dieu existe, qu'aimeriez-vous, après votre mort, l'entendre vous dire ?

« — Vous z'ici, je vous croyais z'au zoo ! » (« Le questionnaire de Proust revu par Pivot », forum, *zelink.com*.)

Faire le **zouave**

« Arrête de faire le zouave ! » lancez-vous à quelqu'un qui cherche à se rendre intéressant par toutes sortes de pitreries et de plaisanteries. Est-ce à dire que le corps du régiment des zouaves était réputé pour compter dans ses rangs de fameux plaisantins ?

Absolument pas, selon Déchelette, qui, pour en avoir le cœur net, a interrogé, comme il le raconte dans son *Argot des poilus*, l'un de ses amis, M. Dache, « perruquier des zouaves », lequel « a protesté énergiquement contre la légende qui attribuait aux zouaves l'habitude d'être fanfarons ou d'avoir mauvaise tête ». En fait, il semblerait que l'expression apparue vers la fin du XIXe siècle ne soit pas due à un notoire comportement débridé des « zouaves », nom emprunté à une tribu kabyle du Djurdjura, ce corps d'infanterie légère ayant été constitué en 1830 avec des Algériens berbères, mais bien

plutôt à l'aspect spectaculaire de leur uniforme : pantalon bouffant, veste courte parée d'arabesques dorées, large ceinture de toile longue de trois mètres (qui ne pouvait s'enrouler autour de la taille qu'avec l'aide d'un camarade), guêtres blanches et jambières, chéchia ornée d'un gland coloré et turban.
Un costume, donc, qui, comme on peut encore en acquérir aujourd'hui la certitude en contemplant la statue du zouave du pont de l'Alma (à laquelle manque cependant la couleur vive qui était celle de l'uniforme), démarquait les zouaves, bien malgré eux, de tous les autres soldats, les transformant aux yeux de tous en drôles de zigotos (pour rester dans les « z ») !

« Attendez-vous d'aller à Paris pour faire le zouave ? » (Questions-réponses, *Yahoo.fr.*)

INDEX DES EXPRESSIONS

J

K

L

M

N

O

P

Q

R

S

T

U

V

W

Y

Z

Dans collection "*Remue-méninges*"

Comme disait ma grand-mère...

Sylvie Brunet

« Ne pas être dans son assiette », « bayer aux corneilles », « laisser pisser le mérinos », « c'est de la roupie de sansonnet », « conter fleurette », « poser un lapin »...

Autant d'expressions qui fleurent bon la nostalgie et les habitudes linguistiques d'autrefois. La plupart de ces expressions très imagées sont encore utilisées, mais nous ne connaissons plus forcément leur origine ni leur sens premier, souvent très évocateur et amusant.

Dans ce passionnant petit dictionnaire des expressions d'autrefois, l'auteur nous donne les clés, avec sérieux et humour, pour comprendre ces phrases imagées qui restent plus vivantes que jamais.

Un voyage dans les expressions nostalgiques de nos grands-mères : des expressions *triées sur le volet* et *pas piquées des vers*, à lire *dès potron-minet* ou *entre la poire et le fromage* !

ISBN : 978-2-35288-307-4

La langue dans la poche

Dico des expressions populaires

Delphine Gaston

Pourquoi dit-on « le talon d'Achille », « toucher du bois », « avoir le cafard », « tenir la chandelle », « qui dort dîne », « faire un four », « enterrer la hache de guerre », « être un chaud lapin », « faire le pied de grue », « montrer patte blanche » ou « avoir un violon d'Ingres » ?

Certaines expressions populaires françaises sont tellement entrées dans le langage courant que l'on ne se pose plus la question de leur signification ni de leur origine. Pourtant, ces expressions très imagées racontent notre histoire.

Dans ce livre, l'auteur explique, avec humour et rigueur, l'origine et la signification de centaines d'expressions populaires issues de notre vie quotidienne.

Des expressions *à tire-larigot* pour ne plus *parler français comme une vache espagnole* et connaître la langue *sur le bout des doigts* : *l'affaire est dans le sac* !

ISBN : 978-2-35288-275-6

www.city-editions.com